Innovation-responsable

Groupe Eyrolles
61, bd Saint-Germain
75240 PARIS Cedex 05

www.editions-eyrolles.com

Du même auteur aux éditions Eyrolles

La Méditation philosophique : Une initiation aux exercices spirituels, 2010.

L'Apprentissage de Soi, Exercices spirituels de Socrate à Foucault, 2009.

Chez d'autres éditeurs

Valuing People to Create Value: An Innovative Approach to Leveraging Motivation at Work (co-auteur avec Hervé Mathe et Marwyn O'Keeffe), World Scientific, 2011.

Management Stratégique des Services et Innovation : Complexité et Nécessité, L'Harmattan, 2009.

Exercices spirituels dans la phénoménologie de Husserl, L'Harmattan, 2008.

Xavier Pavie

Innovation-responsable

Stratégie et levier
de croissance
des organisations

EYROLLES

« *Si quelqu'un pouvait examiner notre ruche depuis un observatoire céleste, il percevrait un surprenant degré de bourdonnement au cours de ces deniers temps. Ici, on martèle et cabosse, on cuit le pain et on brasse la bière, là, on achète et on vend, on fait des transactions monétaires et de beaux discours. Quelle impression recevrait-il d'un tel survol, global et impartial ? Lui apparaîtrait-il que l'humanité a usé de ce monde sans en abuser ?* »

Henri David Thoreau
L'Esprit commercial des temps modernes et son influence sur le caractère politique, littéraire et moral d'une nation

Sommaire

Introduction

« *The Times They are A-Changing.* »

Bob Dylan

Synonyme de changements, d'évolutions, de modifications, l'innovation a toujours été, observée de loin, comme un animal que l'on cherche à apprivoiser, avec à la fois une attitude d'attirance et de méfiance. Avec l'envie de découvrir et la crainte de ce que l'on ne connaît pas. Les entreprises innovantes connaissent bien ce phénomène d'apprentissage qui s'opère au lancement de nouveaux produits sur un marché pour éviter le rejet. Toutefois cela n'a véritablement jamais empêché l'innovation, et les développements conséquents offerts par le xxe siècle en sont la preuve.

Depuis quelques années, l'innovation vit une période qu'elle n'a jamais connue, celle où elle est suspecte par nature. En effet, son histoire est intimement liée aux découvertes des hommes et à leur ambition de dépasser leurs propres cadres, que ce soit pour leur survie ou pour leur mieux-être, et les craintes qu'elle pouvait soulever étaient balayées par son apport significatif. Si aujourd'hui on suspecte l'innovation, c'est que son apport est questionné au regard des conséquences qu'elle peut engendrer, avec une connaissance citoyenne des tenants et aboutissants bien plus conséquente qu'auparavant. Deux raisons majeures à cela. La première tient à la connaissance de l'importance de protéger notre environnement. La seconde tient aux exponentielles découvertes scientifiques et techniques. Que ce soit concernant le clonage, les modifications génétiques, mais aussi la téléphonie mobile ou Internet, les questions ne sont plus sur notre capacité à faire, mais sur notre devoir de faire. Ce qui pose le problème des valeurs humaines qui risquent d'être modifiées.

Bien entendu, il y a de nombreuses autres raisons qui rendent l'innovation suspecte, mais ces deux-là nous renvoient à des questions existentielles, inhabituelles, qui montrent que nous ne pouvons plus vivre comme nos parents. Il s'agit d'inventer de nouveaux repères, de nouveaux modes de vie, de nouveaux cadres. À cela s'ajoute une science qui, autrefois conditionnée par les religions et les législations, se retrouve désormais sans code ni cadre. Les Églises n'ont plus leur mot à dire sur ce qu'il y a de « bon » à faire ou de « mal », pas plus que les gouvernements, qui sont aujourd'hui dotés de moins de pouvoirs, de moins de possibilités d'actions face à un monde économique marchand puissant et mondialisé.

Ceux qui façonnent le monde de demain par choix ou par défaut sont les innovateurs au sens large. Les innovateurs qui sont sur leur paillasse de laboratoire, ceux qui sont dans les structures de recherche et développement, ceux qui sont dans les départements d'innovation. Ce sont eux qui nous proposent ce que nous pouvons consommer. Eux qui nous suggèrent d'écouter de telle ou telle façon de la musique, ou de conduire de cette manière-là plutôt que de telle autre. Eux toujours qui mettent à notre disposition tout un dispositif médical permettant de nous améliorer, d'être plus performants. Enfin encore eux qui nous destinent à mieux vivre, vivre plus longtemps, survivre, voire nous reproduire artificiellement. Autrement dit, les innovateurs ont entre leurs mains l'avenir de la Cité de demain.

Si l'objet de ce présent ouvrage n'est pas d'engager un débat sur la pertinence de laisser aux mains des innovateurs l'avenir de notre monde, il a au moins l'ambition de poser ce débat, mais surtout de provoquer cette prise de conscience chez l'innovateur, et ainsi d'essayer d'offrir une voie dans laquelle l'innovation ne serait ni débridée ni décomplexée, mais articulée en fonction des besoins d'une part, des impacts sur la société de l'autre.

Cet ouvrage a donc plusieurs enjeux. Tout d'abord faire comprendre que l'innovation est avant tout un principe intrinsèque à la constitution des individus, que, par nature, l'homme est innovant. Ce qui signifie qu'il ne s'agit pas de s'opposer à l'innovation, mais de savoir comment innover. C'est pourquoi notre avant-propos porte sur les enjeux philosophiques de l'innovation. Car il y a en effet matière à s'interroger sur le pourquoi de l'innovation. Pourquoi cet « élan vital », ainsi que le nomme Bergson, qui fait de nous tous des innovateurs ? Cela permettra de comprendre ce que doit être l'innovation-responsable dans le premier chapitre dans lequel, outre la définition de celle-ci, il s'agira d'observer ses différentes facettes, que ce soit pour l'entreprise, le manager, etc. Suit un chapitre qui pose le concept d'« innovation-responsable » dans ses détails, mais surtout dans ses implications opérationnelles. Il sera fondamental ensuite de s'arrêter sur l'importance de la relation entre l'innovation-responsable et la performance. Car loin d'imaginer une responsabilité qui contraindrait l'innovation, il est possible au contraire de prouver qu'intégrer la responsabilité dans l'innovation permet d'accroître ses performances de façon durable. Enfin, le quatrième et dernier chapitre donne les clés, les voies de mise en œuvre de l'innovation-responsable dans les organisations, afin d'articuler culture de l'innovation et culture de la responsabilité.

Avant-propos

Philosophie de l'innovation-responsable

> « *Étudiez beaucoup afin de dominer la technique qui permet de dominer la nature. Souvenez-vous que la Révolution c'est le plus important et que chacun de vous, seul, ne vaut rien.* »
>
> Ernesto « Che » Guevara
> *Lettre à ses enfants avant son départ pour le Congo*

▨ COMPRENDRE L'ESSENCE DE L'INNOVATION

Quand, au XVIᵉ siècle, dans *Pantagruel,* François Rabelais lance sa célèbre phrase : « Science sans conscience est ruine de l'âme[1] », a-t-il à l'esprit que, cinq siècles plus tard, celle-ci serait à la pointe de l'actualité ? Est-ce en prévention de son quasi-contemporain Descartes qui, lui, lancera le siècle dans la modernité ? Quoi qu'il en soit, on ne peut lui ôter une certaine vision dès lors que l'on regarde l'environnement qui nous entoure. L'électronique a envahi notre quotidien avec les objets communicants, la « numérisation du monde » devient un enjeu considérable, les nanotechnologies sont omniprésentes autant dans l'alimentation que dans les vêtements, etc. Et ce n'est certainement qu'un début compte tenu des progrès à venir tant dans l'exploitation du corps humain que dans ses avatars, en termes « d'automates banalisés ».

Dans le même temps, ces nouvelles technologies, ces nouveaux moyens de communication ne sont pas étrangers aux poussées démocratiques de pays aux faibles libertés d'expression. Les avancées médicales épaulées

---

1. François Rabelais, « Pantagruel » in *Œuvres*, Paris, J. Bry Ainé, 1854, p. 107.

par la technologie sont naturellement recouvertes de louanges par leurs bénéficiaires. Nous pourrions d'ailleurs associer la notion d'innovation par le fameux terme *deinon*. Difficilement traduisible en raison de sa polysémie, cette notion grecque de *deinon* exprime à la fois l'idée du terrible et celle de l'admirable qui se télescopent pour dire la puissance des contraires. C'est le cas de l'Homme qui dispose « de ressources dont l'ingénieuse habileté dépasse toute espérance, il s'avance tantôt vers le mal tantôt vers le bien[1] », affirme Sophocle dans *Antigone*. Or c'est bien l'Homme, l'individu qui innove, c'est bien lui qui peut faire tendre une innovation d'un côté ou de l'autre, « tantôt vers le mal, tantôt vers le bien », et ce, de façon consciente ou non. Il revient donc aux innovateurs la responsabilité de « faire ou de ne pas faire ». Néanmoins, ce terme de « responsable » n'est pas non plus sans recouvrir une certaine polysémie et même une banalisation. Que signifie, aujourd'hui, la « responsabilité » ? Pour qui ? Pour quoi ? Dans quelle mesure et dans quelle limite ?

La montée de la technologie et de sa puissance est sans équivalent, et ce dans un contexte de globalisation qui ne cesse de s'accélérer. L'être humain se voit désormais contraint d'assumer sa responsabilité du monde et dans le monde. Plus particulièrement, c'est l'innovateur qui est concerné par la responsabilité du monde à venir. Par ses nouveautés, ses lancements de produits et services, la face du monde se dessine. L'innovation-responsable questionne donc, à nouveaux frais, le rôle de la responsabilité.

Innover, c'est décider ; décider, c'est être confronté à devoir faire des choix. Préférer une organisation à la place d'une autre, opter pour un *process* plutôt qu'un autre, favoriser ce développement au détriment de celui-ci. C'est en permanence provoquer et accepter des renoncements. Et ce qui est valable pour l'innovation n'est qu'un reflet de ce qui se produit dans la condition humaine ; elle-même s'articule dans des choix, des décisions, des renoncements. Les choix existentiels ne nous permettent pas de tester tous ceux qui nous sont proposés lorsque nous devons décider. Il devient impératif d'adopter un chemin unique, y compris celui de ne rien faire, sans en connaître le résultat ou en ayant eu la capacité en amont d'estimer les conséquences des différentes possibilités. Toute notre existence est ponctuée de prises de décision, de prises de risque sans connaître toutes les répercussions de nos choix.

---

1. Sophocle, *Antigone*, trad. P. Mazon, Les Belles Lettres, 1955, p. 86.

Cet état inhérent à la condition humaine induit une forme de légèreté des individus, car tout un chacun s'engage profondément dans une vie, dans une direction sans pour autant disposer d'éléments objectifs de choix. Néanmoins, sans cette forme de légèreté, nous ne pourrions agir. Par nature, l'innovateur, le décideur de l'innovation baigne dans cette légèreté, de façon consciente ou inconsciente. Les choix qu'il opère sont des choix non pas pris « à la légère », mais empreints de légèreté par essence.

Par définition, l'innovation ne peut être anticipée, dans son succès comme dans son échec, dans son utilisation comme dans son rejet. Bon nombre d'entreprises l'ont appris à leurs dépens ; tout aussi respectable que soit Apple en tant qu'entreprise innovante, cela n'a pas toujours été le cas. Souvenons-nous des Newton Pad, un assistant personnel numérique créé par Apple en 1993... et abandonné en 1998. Ancêtre de l'iPad, cet assistant personnel à écran tactile, sans clavier et équipé d'un logiciel de reconnaissance de l'écriture manuscrite, avait pourtant été présenté par John Sculley, alors PDG d'Apple à son lancement comme une « nouvelle révolution dans l'histoire de l'informatique ». *A contrario,* la Twingo de Renault a pu paraître un échec lors de son lancement pour être ensuite déclarée comme un véritable succès commercial. Destinée à de jeunes femmes urbaines, cette voiture fut surtout achetée par les seniors.

L'innovation est pleinement liée à l'absence de certitude. Dans un monde où, à travers la science en général, les statistiques en particulier, les recherches empiriques, les études quantitatives, les prévisions cherchent à être de plus en plus précises, l'innovation balaie ces prospectives pour rester tout à fait libre de se faire succès ou échec. Il va sans dire que bon nombre d'études marketing feront en sorte de limiter au mieux l'incertitude. Il n'empêche que ce ne sera qu'une réduction du risque, jamais une absence totale.

L'incertitude et les décisions empreintes de légèreté ne sont bien évidemment pas sans conséquences. Comment se relever de l'échec commercial de ce que l'on croyait être une innovation ? Que faire d'un stock d'invendus ? de brevets coûteux sans avenir ? Quel avenir pour les organisations en place dédiées à cette activité ? Mais également, que faire d'un succès dépassant les prévisions ? Comment pallier une demande soudaine très forte sans laisser la place à un concurrent ?

Comment assurer les premiers clients du suivi convenu ? Quelle suite pour les produits que l'on a pu mettre sur le marché ? Songeons, dans ce dernier cas, aux près de 300 millions d'iPod vendus en l'espace de dix ans. Quelle anticipation est prévue par Apple pour cet amoncellement de produits une fois en fin de vie ? À qui revient la responsabilité du produit ? à celui qui le possède ou à celui qui l'a mis sur le marché ?

◼ L'INNOVATION, UN ENJEU DE RESPONSABILITÉ HUMAINE

Cette première utilisation du terme « responsabilité » ne recouvre pas uniquement cette problématique de savoir à qui revient telle ou telle responsabilité. La responsabilité intègre mais dépasse aussi largement ce cas. Et celle-ci, on le comprend, est intimement liée à cette légèreté de décider sans savoir.

De quoi sommes-nous responsables en tant qu'individu, mais aussi en tant qu'entreprise, en tant que manager ? Qu'est-ce qu'un comportement responsable pour l'innovateur ? Peut-on articuler responsabilité et innovation sans nuire à la performance des organisations ? Ces questions sont entre autres celles que nous proposons de poser ici à travers l'expression « innovation-responsable ». Expression relativement récente puisqu'elle apparaît véritablement au début des années 2000 en France à l'occasion de l'intégration dans le grand public du débat sur les nanotechnologies[1]. De façon globale, cette expression recouvre la capacité d'un individu, d'une association, d'un organisme, d'une institution, mais essentiellement d'une entreprise à innover en prenant en compte l'ensemble des impacts de son innovation.

La solution pour être pleinement « responsable » serait de ne pas innover ! Mais si fuir l'innovation est intrinsèquement la meilleure voie pour ne prendre aucun risque, la paralysie est assurée. Ce serait ne pas considérer la nécessité pour l'entreprise comme pour l'individu d'innover pour vivre.

Innover pour ne pas être paralysé, pour ne pas disparaître est une évidence. Schumpeter l'explicite en soulignant que l'innovation créatrice

---

1. C'est notamment l'association Vivagora qui a mis sur le devant de la scène cette question des risques et opportunités pour les individus de l'introduction des nanotechnologies dans la sphère publique. www.vivagora.org/

est destinée à occuper une place vis-à-vis de la concurrence et à créer une situation, de monopole face à un besoin[1]. L'entreprise pourra donc vivre « tranquillement » à cette place jusqu'à ce que les concurrents surviennent ou que le besoin évolue. L'innovation a pour enjeu d'aider l'entreprise à émerger, à se développer, à vivre, de façon durable dans une situation de marché concurrentiel. Cela est donc lié à la question du besoin présent sur le marché. L'innovation est censée répondre à un besoin, qu'il soit latent, conscient ou inconscient, qui soit autant réel que durable.

Il est important de bien comprendre cette notion de besoin à combler. L'impulsion qui pousse l'homme à innover se nourrit de son insatisfaction permanente, qui est de deux ordres. D'une part, celle du consommateur, du client. D'autre part, celle de l'innovateur, de l'individu en général – qu'il soit artiste, parent, manager, écrivain, étudiants, etc. – qui en permanence est nourri d'un désir d'innover. Au même titre que l'individu, l'entreprise est dans une sorte d'incapacité manifeste à se contenter de ce qu'elle a. Elle ne sait se muer que dans un progrès, une évolution, une croissance. Ce désir pour l'individu, comme pour l'entreprise, est à mettre en perspective avec cette caractéristique de l'humain à toujours faire mieux, l'« élan vital », qu'évoque Bergson dans *L'Évolution créatrice*[2]. Cet élan est à la base du désir d'innover, désir inhérent à l'esprit entrepreneurial, tel que Schumpeter le définit.

Ainsi, freiner l'homme dans sa volonté d'innover, c'est le paralyser en tant qu'être, c'est chercher à lui confisquer une partie de sa propre nature. Autrement dit, il est impossible de fuir, d'arrêter, de stopper l'innovation. Ce qui semble alors nécessaire d'interroger, c'est le « comment innover ? ». La nature humaine et sa condition, son élan vital et son génie créateur, sa capacité intrinsèque à l'innovation ne peuvent être arrêtés. Néanmoins, cela ne signifie pas qu'ils ne soient pas contrôlés. Là réside tout l'enjeu de notre propos. Quelles innovations voulons-nous ? et pour quels mondes ? Comment faire du génie innovant des individus un génie responsable où l'incertitude et la légèreté seront acceptées et prises en compte sans pour autant freiner la performance des organisations ? Comment faire qu'en même temps l'innovation soit au service des citoyens et non l'inverse ?

---

1. Joseph Schumpeter, *L'Histoire de l'analyse économique*, Gallimard, 2004.
2. Henri Bergson, *L'Évolution créatrice*, PUF, 2007.

« L'élan vital » bergsonien et l'individu depuis ses débuts n'ont cessé de progresser visant un certain nombre de bénéfices pour lui-même. C'est en ces termes que peut avoir un sens la phrase de Descartes qui, en quelque sorte, lance le XVIᵉ siècle dans la course à la modernité, dans le progrès, autrement dit dans la course à l'innovation : l'homme « doit se rendre comme maître et possesseur de la nature[1] ». Cette posture, légitime à cette époque – d'autant plus qu'elle veillait à la préservation de la santé de l'homme[2] –, n'a que rarement été mise en question. Et la course au progrès, à l'innovation, nourrie des développements économiques, n'a cessé de s'accélérer[3].

D'ailleurs, si cette dimension devient tangible à cette période, elle ne date pas de ce siècle. Dès l'Antiquité, la quête d'immortalité de l'*Épopée de Gilgamesh* ou les quêtes de la fontaine de jouvence et de l'élixir de longue vie[4] expriment ce même désir. Au cours des Lumières, Condorcet évoque les possibles applications des sciences médicales dans le but d'une extension infinie de la durée de vie de l'Homme[5]. Des propos similaires se retrouvent chez Benjamin Franklin dont l'idée est de pouvoir interrompre et de relancer le cours de la vie ainsi que nous le désirons[6]. De son côté, Charles Darwin précise qu'il est très probable que l'humanité telle que nous la connaissons n'en soit pas au stade final de son évolution, mais plutôt à une phase de commencement lorsque l'on met en perspective les années de sa propre existence et celles de l'Univers[7].

---

1. Descartes, *Discours de la Méthode*, Gallimard, « Bibliothèque de la Pléiade », 1953, p. 168.
2. Emmanuel Faye montre que la fin recherchée n'est pas d'abord l'ensemble des « commodités » qui se trouvent sur terre, mais « la conservation de la santé » en vue de rendre les hommes « plus sages ». Cela suppose une connaissance des « causes » de nos maladies et de « tous les remèdes dont la nature nous a pourvus ». Cf. E. Faye *Heidegger, l'introduction du nazisme dans la philosophie : autour des séminaires inédits de 1933-1935*, Albin Michel, « Idées », 2005.
3. On notera les premières critiques au début des années 1960 notamment à travers Rachel Carson, *Silent Spring*, Mariner Book Edition, 2002.
4. Nick Bostrom, « A history of transhumanist thought », *Journal of Evolution and Technology*, vol. 14, n° 1, avril 2005.
5. Marie Jean Antoine Nicolas Caritat, marquis de Condorcet, *Esquisse d'un tableau historique des progrès de l'esprit humain*, Paris, Masson et Fils, 1822, p. 279-285, 293-294, 303-305.
6. Benjamin Franklin, *Mr. Franklin : a Selection from his Personal Letters*, New Haven, Yale University Press, 1956, p. 27-29.
7. Charles Darwin, *The Origin of the Species*, Barnes & Noble Classics, New York, Fine Creative Media, 2003.

Au XIXᵉ siècle, Nietzsche est dans ce même état d'esprit lorsqu'il évoque la « volonté de puissance[1] », désignant par là un « devenir plus ». Pour lui, il y a toujours une tendance à la puissance qui se manifeste dans tout être vivant quel qu'il soit. Toutefois, cette volonté de puissance prend des formes et des fonctions différentes au regard des individus en particulier, des organismes vivants de façon plus générale.

Ce qu'évoquent ces penseurs, parmi d'autres, se réfère donc au « progrès ». Progrès qui prend sens sous de multiples formes : la connaissance, le savoir, la science, etc. Initialement, la notion de progrès était intimement liée aux avancées médicales, aux questions inhérentes à la conservation, à la reproduction ou à la prolongation de la vie. Cela pouvait donner lieu à certaines pratiques « originales », notamment avec Paracelse qui, au XVᵉ siècle, s'obstinait à vouloir effectuer une reproduction de la vie par la voie « chimique[2] ». Même si la religion a toujours restreint certaines possibilités de progrès dans la reproduction de la vie, les scientifiques n'avaient quoi qu'il en soit pas réellement la capacité et les connaissances permettant d'aboutir à de telles ambitions. Or, ces dernières décennies, il y a, avec l'accroissement de la connaissance génétique, des structures de l'ADN, des prémisses du clonage, etc., une nette accélération des possibilités. Dès lors le problème ne réside véritablement pas dans une quelconque capacité scientifique, mais dans le devoir de faire ou de ne pas faire sous couvert de morale, d'éthique, de responsabilité[3]. Dans le même temps, on peut se demander par quoi cette capacité scientifique serait-elle édictée ? Si la religion s'est toujours octroyé le droit de distinguer ce qui est « bien » de ce qui ne l'est pas, son délitement dans les pays développés pose la question suivante : qui dit ce qui est « bon » ou « mauvais » ? Si la législation est une voie, est-elle la seule ? Et est-elle idéale ? Contraindre n'a souvent pour effet que de déplacer, de repousser voire d'exciter la tentation de faire.

---

1. Friedrich Nietzsche, *Fragments posthumes sur l'éternel retour*, Allia, 2003, p. 87.

2. Bernadette Bensaude-Vincent, *Histoire de la chimie*, La Découverte, 2001, p. 35.

3. Parmi de très nombreux exemples, notons récemment la naissance du premier « bébé-médicament ». Les parents d'une petite fille atteinte d'une maladie génétique ont décidé d'avoir un nouvel enfant permettant de la sauver. Les parents de ce « bébé-médicament » ont bénéficié d'un double diagnostic préimplantatoire ; il a fallu écarter les embryons porteurs de la maladie, sélectionner, parmi les embryons sains, le plus compatible avec le patrimoine génétique de la grande sœur, et l'implanter dans le ventre de la mère. Si l'on peut saluer la prouesse technique, on peut s'interroger sur le développement d'une telle réussite qui confère à l'eugénisme.

▪ L'INNOVATION, FILLE DU PROGRÈS

L'innovation est bien la fille du progrès qui ne cesse de chercher à améliorer ou à faciliter les différents aspects de l'individu, tant dans sa conservation que dans son confort de vie. Le développement et l'accroissement technologiques ne sont d'ailleurs pas sans avoir joué un rôle fondamental dans le développement de nombre de produits et services qui relevaient, il y a moins d'un siècle, de la pure science-fiction. À titre d'exemple, le « transhumanisme » devient une volonté. Ses enjeux déclarés sont la promotion de l'amélioration de la condition humaine à travers des techniques d'amélioration de la vie, comme l'élimination du vieillissement et l'augmentation des capacités intellectuelles, physiques ou psychologiques[1]. Raymond Kurzweil, théoricien parmi d'autres du transhumanisme, soutient que le rythme du changement technologique est en train de s'accélérer de façon cruciale et que les toute prochaines décennies verront apparaître non seulement des avancées technologiques radicales, mais également une singularité technologique qui changera profondément et définitivement la nature de l'homme[2]. Même si les promoteurs du transhumain mettent eux-mêmes en garde les risques qui peuvent émerger des nouvelles techniques, ils restent convaincus que les bénéfices sont supérieurs aux risques pour lutter contre les maux, tels que la pauvreté, la maladie, le handicap, la malnutrition, les États dictatoriaux, etc. Selon ces théoriciens, la qualité de vie des individus est le but ultime. Le progrès n'a de sens que dans cet objectif final. Dès lors, le concept de « naturel » est quelque chose de nébuleux, qui fait obstacle au progrès[3].

Ces points de vue ne sont pas sans risques puisque, d'un côté, se trouvent des scientifiques, des innovateurs – dont la nature même est de dépasser les limites d'un point de vue technologique — physiologique, etc. et, de l'autre, des individus refusant l'inexorable condition humaine : mort, maladie, disparition, faiblesse, vieillesse, etc. Ce qui est remis en cause, ce sont les valeurs humaines. S'il ne s'agit pas de trancher entre une politique du dépassement des valeurs humaines

1. www.transhumanisme.org
2. Raymond Kurzweil, *The Age of Spiritual Machines*, Viking Adult, 1999.
3. Nick Bostrom et Anders Sanders, « The Wisdom of Nature An Evolutionary Heuristic for Human Enhancement », in *Human Enhancement*, J. Savulescu et Nick Bostrom (dir.), Oxford University Press, 2008, p. 375-416.

actuelles ou sa préservation, le débat est d'une nécessité incontournable. Et c'est ce qui fait défaut : les scientifiques sont sur leurs paillasses ou les innovateurs dans leurs centres R&D. Cloisonnés par des structures intellectuelles ou financières, ils orchestrent sans consultation les évolutions de l'homme, dont ses valeurs.

▓ L'INNOVATEUR ET SES OBLIGATIONS DE RESPONSABILITÉ

Que signifient ces développements et ambitions ? Il y a aujourd'hui un contexte nouveau qui articule à la fois la période moderne dans laquelle nous sommes et la nécessité de rechercher un développement pérenne, responsable et partagé. Avec le progrès de la science, de la technologie, nous avons désormais une compréhension du monde tant dans ses complexités que dans son exploitation. Ces développements offrent un nombre d'actions possibles considérable. Toutefois, ils ne sont pas sans poser, comme jamais auparavant, des enjeux éthiques, sociaux, citoyens. La responsabilité se doit d'être redistribuée dans sa compréhension, dans ses pensées et dans ses actes, car nous « apparaissons désormais responsables, ou du moins coresponsables, d'une action collective dont les développements et les effets nous sont largement inconnus, précise François Ost, voilà que se trouve brisé le cercle de proximité qui m'obligerait seulement à l'égard du proche et du prochain, et distendu le lien de simultanéité qui me faisait comptable des effets immédiats, ou à tout le moins voisins, des actes que je posais aujourd'hui[1] ».

Les cadres de la responsabilité, de la prudence se modifient car notre agir n'est plus identique à celui d'il y a trente ans à peine. La responsabilité reste individuelle, mais s'étend en même temps de façon globale. Elle est certes attribuable à un sujet, mais pas seulement.
Alors que la responsabilité était liée à la proximité, à une délimitation spatio-temporelle claire, elle se mue de façon intemporelle, en distanciation spatiale avec une multiréciprocité illimitée. Autrement dit, l'étourdissant spectre de la responsabilité se doit d'être reconsidéré car l'aller-retour entre la responsabilité individuelle et globale

---

1. François Ost, *La Nature hors la loi*, La Découverte, 2003, p. 267.

est tout autant confus qu'intense : « Plus qu'à des actes clairement identifiables, nous sommes confrontés à des multiples décisions qui, ensemble, peuvent avoir des effets considérables. Bref, la responsabilité est à la fois partout et nulle part. Des actes ont été posés, des décisions ont été prises dont les conséquences sont quelquefois dramatiques. Mais les responsabilités ne sont nullement identifiables, à moins de les faire porter sur l'organisation ou sur le réseau, ce qui ne correspond pas à l'intuition que nous avons de l'idée de responsabilité. Celle-ci demeurant à une identification individualisée[1] », avance Jean-Louis Genard. Ces multiples décisions, cette responsabilité partout et nulle part, ce manque d'identification diluent la responsabilité. Elle n'existe pour ainsi dire plus comme le voudrait sa définition qui est de rendre compte de ses actes. Il ne devient plus possible de rendre compte de ses actes dès lors que ceux-ci ne sont plus clairement identifiés.

Ces enjeux posent les premières pierres de ce que l'on nomme l'« innovation-responsable ». Une question autant humaine qu'économique autant responsable que sociétale, autant pour l'avenir que pour le présent. Humblement, les chapitres suivants vont chercher à répondre à ses différents enjeux pour les innovateurs, pour ceux qui dessinent le monde de demain. Et ce afin que celui-ci soit autant responsable que respecté.

© Groupe Eyrolles

---

1. Jean-Louis Genard, « Le temps de la responsabilité », in Gérard Philippe, Ost François et Van de Kerchove Michel (dir.), *L'Accélération du temps juridique,* Bruxelles, Publications des Facultés universitaires, Saint-Louis, 2000, p. 105-125.

Qu'est-ce que l'innovation-responsable ?

« Compter sur ses propres ressources, relever les défis que l'on se lance à soi-même, chérir l'individu et l'individualité sans perdre de vue le sentiment moral et l'apport d'autrui avec qui on s'associe librement selon les besoins du moment et en vue d'un avantage mutuel. »

Ralph Waldo Emerson
La Confiance en soi

Qu'est-ce que la responsabilité ? Qu'est-ce que l'innovation ? Quels sens pour les organisations ? Ces termes ont besoin d'être clarifiés dans la perspective de la notion « d'innovation-responsable ». C'est ce que nous proposons d'aborder ici en comprenant les rôles et implications des trois acteurs qui s'y entrecroisent : l'individu, le manager et l'entreprise. Nous pouvons introduire d'emblée deux premières complexités qu'il nous faudra dénouer : le manager est aussi – et avant tout – un individu, et c'est un ensemble de managers qui forme l'entreprise. Ce que nous interrogerons ici, ce sont les interactions, les transformations qui ont pour conséquence un mélange qui brouille la compréhension des enjeux et rôles de chacun dans la Cité. Nous avons un individu qui se mue en salarié, qui lui-même se mue en outil de production pour une entreprise. Comment est-il alors responsable ? De qui ? De quoi ? Jusqu'où ? Quand et comment ?

▪ LES ORIGINES DE L'INNOVATION-RESPONSABLE

L'origine de l'innovation-responsable peut être trouvée chez le philosophe Hans Jonas qui, en 1979, dans *Le Principe responsabilité*[1],

---

1. Hans Jonas, *Le Principe responsabilité : une éthique pour la civilisation technologique*, Flammarion, 2008.

développe l'idée que le savoir humain surpasse le savoir prévisionnel. Par conséquent, il est fondamental selon lui d'adopter une éthique destinée à combler cet écart. Sans rejeter science et technique, Jonas expose la nécessité de déployer une responsabilité à visage humain face aux risques que la technologie apporte et qui met en jeu l'humanité.

Toutefois, et avant cela, il faut préciser que la question de l'innovation-responsable n'est pas sans lien avec celles de la responsabilité sociale des entreprises (RSE) [1], même si elle s'en écarte à bien des égards. Nous nous permettons de faire un détour sur l'émergence de la RSE afin de comprendre comment elle s'articule avec l'innovation-responsable.

LA RSE, SOURCE DE L'INNOVATION-RESPONSABLE ?

Une question de religion

La question de la responsabilité en entreprise est intimement liée à la religion en général, à la religion protestante en particulier. Max Weber montre d'ailleurs en quoi la religion protestante a joué un rôle structurant dans le développement du capitalisme[2]. La responsabilité sociale est une problématique que les dirigeants abordent aux États-Unis à partir de la fin du XIXe siècle dans le cadre d'activités philanthropiques. L'un des piliers de ce mouvement est Carnegie, qui, dans l'*Évangile des riches,* s'interroge sur les responsabilités des riches hommes d'affaires qui se doivent de mener une vie non ostentatoire et affirme que tout surplus de richesse doit être dirigé vers l'intérêt public.

Chez les protestants, deux notions apparaissent à cette époque : *trusteeship* et *stewardship*. Ces notions s'intéressent à la relation entre l'entreprise et la société, considérant que la propriété n'est pas un droit absolu et inconditionnel et ne peut être justifiée que dans le sens où l'administration privée des biens permet d'accroître le bien-être de l'ensemble de la communauté. À l'époque, les grands défenseurs de ces théories sont : Chester Barnard – pionnier des théoriciens de l'organisation du management –, Henry Ford – fondateur du groupe éponyme –, Alfred Sloan – qui dirigea General Motors pendant trente ans – ou encore Thomas Edison et Charles Coffin – fondateurs de General Electric Company.

---

1. Ce chapitre s'appuie sur l'essai d'Aurélien Acquier, Jean-Pascal Gond et Jacques Igalens « La religion dans les affaires : la RSE », *Fondapol*, mai 2011.
2. Max Weber, *L'Éthique protestante et l'Esprit du capitalisme*, Plon, 1967.

Les catholiques, quant à eux, ont pris position avec Léon XIII et l'ency-clique *Rerum Novarum :* les riches et les patrons ne doivent en rien trai-ter l'ouvrier en esclave ; il importe de respecter la dignité ; il est autant honteux qu'inhumain d'user des hommes comme des instruments. Léon XIII cherche à articuler un principe de responsabilité sociale par la solidarité en précisant qu'il ne s'agit pas de voir patron et ouvrier comme ennemis de fait. Ils ont besoin l'un de l'autre : il ne peut y avoir de capital sans travail ni de travail sans capital. Pie XI continuera ce questionnement lors du *Quadragesimo Anno* en précisant que l'ou-vrier doit recevoir un salaire permettant de pourvoir à sa subsistance et à celle des siens et pouvoir se constituer une modeste fortune. Enfin, Jean Paul II aborde dans le *Centesimus Annus* la question de l'écolo-gie, considérant que l'homme consomme de manière excessive et désordonnée les ressources de la planète. Ainsi prenant comme point de départ la question de l'ouvrier et de ses relations avec les patrons, l'Église s'est peu à peu intéressée à l'entreprise dans son rôle sociétal plus élargi.

Si la question de la RSE fut développée initialement aux États-Unis, c'est au moins pour deux raisons. Tout d'abord, la religion y occupe une place bien plus importante qu'en France, où, depuis 1905, l'Église et l'État sont séparés par la loi. Par ailleurs ainsi que Max Weber l'a souli-gné, l'éthique protestante, fortement présente outre-Atlantique, est un moteur au développement du capitalisme. D'ailleurs avant même les enjeux de la RSE, d'autres formes existaient, comme l'investissement socialement responsable (ISR), qui initialement était porté par diffé-rentes confessions religieuses comme les Quakers. L'enjeu de l'ISR, toujours d'actualité, est d'investir dans des entreprises conformes à leur propre valeur avec pour premier effet d'exclure de son portefeuille d'investissement toute entreprise s'opposant à leur morale : jeux d'ar-gent, alcool, pornographie, etc.

La conscience des hommes d'affaires

En 1953, dépassant les points de vue de la religion, Howard Bowen, dans *Social Responsibilities of the Businessman,* est le premier à évo-quer l'idée qu'il existe une responsabilité sociale de l'entreprise au-delà de sa stricte responsabilité économique et financière vis-à-vis de ses propriétaires[1]. La responsabilité sociale de l'entrepreneur repose selon lui sur deux principes. D'abord le contrat social : si l'entreprise existe, c'est parce que la société le veut bien et en contrepartie son comportement et ses méthodes doivent respecter les lois formulées par la société. Le second est morale : de par son influence dans la société et son pouvoir de décision, l'entreprise doit avoir un comportement exemplaire, cohérent avec les valeurs de la société.

Pour Bowen, les obligations de l'homme d'affaires sont de poursuivre telles politiques, de prendre telles décisions ou de suivre telles lignes d'actions en regard des objectifs et des valeurs de notre société. Autrement dit, il s'agit de placer les valeurs collectives dans la société au-dessus des valeurs et intérêts personnels. Cela ressort de la pleine décision du *businessman* lui-même, car, selon Bowen, il a plus de pouvoir que le citoyen commun. Dès lors, il doit être en mesure de comprendre l'impact de son action sur la société.

Ainsi, selon Bowen, la responsabilité sociale doit être envisagée comme un outil permettant d'orienter l'activité des entreprises vers l'atteinte des objectifs que la société civile s'est fixés.

Les aspects religieux n'ont pas disparu des fondamentaux qui ont structuré la RSE. Notamment aux États-Unis, où des auteurs ont proposé de réorienter et de refonder la théorisation de la responsabilité sociale de l'entreprise dans le sens religieux. Et ce quand bien même une sécularisation de la RSE pourrait être souhaitable pour être véritablement diffusée dans les milieux d'affaires. À ce titre, comme nous le verrons, l'innovation-responsable pourrait en être une modalité.

Si la religion peut encore avoir une incidence sur les questions de la RSE, il n'empêche qu'elle est essentiellement constituée d'un ensemble de textes, de traités, chartes qui, tous, s'appuient sur des valeurs universelles laïques : Déclaration des droits de l'homme (1948), Déclaration de Rio (1992), des principes et droits fondamentaux de l'Organisation international du travail, de la Charte des droits fondamentaux de l'Union européenne (2000). C'est dans cette optique qu'en 1999, à Davos, Kofi Annan, alors secrétaire général des Nations unies lance le Pacte mondial des entreprises en déclarant : « Je propose que vous, les leaders du monde économique rassemblés à Davos, et nous,

---

1. Cf. l'article de Jacques Igalens et Laïla Benraiss, « Aux fondements de l'audit social : Howard R. Bowen et les églises protestantes », Actes de la 23ᵉ Université d'été de l'Audit social, 1ᵉʳ et 2 septembre 2005, IAE de Lille.

les Nations unies, créons un ensemble entre des valeurs à partager et des principes qui donneront une face humaine à ce qu'est la mondialisation marchande[1]. »

LA SÉCULARISATION DE LA RSE

L'évolution de la RSE peut être observée sous l'angle de cette chronologie[2] :

L'évolution conceptionnelle de la responsabilité sociale de l'entreprise selon Frederick

Nom du concept	Période	Description de la notion et programme sous-jacent
RSE 1 Responsabilité sociale de sociétés	1950-1960	• Identifier une série d'obligations morales auxquelles les entreprises doivent être assujetties. • Mais difficultés relatives en l'absence de socle normatif cohérent permettant de fonder ces approches.
RSE 2 Réceptivité sociale de sociétés	1970-1980	• Focalisation sur les instruments et les processus de réponse des entreprises vis-à-vis des sollicitations de leur environnement. • Ces approches, en rejetant de l'analyse toute dimension normative, tentent à nier l'évidence et à légitimer sans recul critique les pratiques des entreprises.

…/…

1. Toutefois si ces principes de valeurs universelles se partagent ou souhaitent être partagés (rappelons que seules 300 entreprises françaises ont signé ce pacte), la question ne se pose pas qu'auprès des grands dirigeants, même s'ils sont cruciaux. L'enjeu porte tout autant sur les managers qui, au jour le jour, prennent des décisions.
2. Tableau construit par Aurélien Acquier, Jean-Pascal Gond et Jacques Igalens « La religion dans les affaires : la RSE », *op. cit.*

.../...

RSE 3 **Rectitude sociale** **de sociétés**	1980-2000	• Réintégrer la dimension normative au sein de l'analyse. • Développer un socle théorique plus systématique (philosophie chrétienne et judéo-chrétienne, marxisme, humanisme...).
RSE 4 **Cosmos/ Science/ Religion**	Au-delà des années 2000	• Sortir le concept de performance sociale de l'entreprise de sa crise morale. • Décentrer la notion de responsabilité sociale de l'entreprise et penser l'interaction de l'entreprise/ société dans une perspective normative universaliste centrée sur l'humanité (aller de l'entreprise vers le cosmos ; des sciences sociales vers l'ensemble des sciences et de la responsabilité vers la religion). • Faire de la religion (entendue comme quête de sens) la dimension fondamentale de toute analyse des relations entreprises et sociétés.

Source : tableau construit d'après Frederick (1978,1986 et 1998).

RSE 1 : les enjeux ici sont tournés vers l'idée que l'interface entre l'entreprise et la société a besoin d'ajustement. Il y a l'idée de rendre des comptes.

RSE 2 : les premières questions environnementales sont adressées.

RSE 3 : les premières considérations des parties prenantes : individu, entreprise, société, environnement, actionnaires, salariés, etc.

RSE 4 : CSR (le terme anglophone de *Corporate Social Responsibility*) devient l'acronyme de Cosmos, Science et Religion. Il s'agit de déplacer le cercle de l'entreprise pour mieux prendre en considération le fonctionnement global de l'humanité au sens très large en incluant les processus génétiques, les questions astrophysiques et biochimiques, etc. Le Cosmos devient l'élément de référence pour prendre en compte les questions du clonage, des OGM, des manipulations de l'ADN, etc.

Le développement durable

C'est au début des années 1970 que l'on peut noter une première formalisation large et internationale d'action envers la responsabilité par les entreprises. En 1971, le Club de Rome publie le rapport Meadows « Halte à la croissance » qui dénonçait déjà la surexploitation des ressources naturelles liée à la croissance économique. C'est la première fois que l'on s'interroge sur la véritable pertinence de la poursuite d'une croissance indéfinie[1]. En 1972, la conférence de Stockholm des Nations unies sur l'environnement humain conclut à la nécessité d'un développement écologique, « l'éco-développement ». En 1980 apparaît pour la première fois en français le concept de « développement durable » sous l'égide de l'Union internationale pour la conservation de la nature (UICN) qui s'alarmait de la disparition progressive des milieux naturels.

Cependant, « l'avènement » du développement durable date de 1987. Dans son rapport « Notre avenir à tous » (ou Rapport Brundtland du nom de la présidente de la commission, la Norvégienne Gro Harlem Brundtland), la Commission mondiale sur l'environnement et le développement (créée par l'ONU) définit la politique nécessaire pour parvenir à un « développement durable ». Ce rapport est désormais reconnu et adopté mondialement. On y note une volonté de laïcisation de la RSE, ce qui lui permet d'être plus facilement repris par l'économie managériale. Le rapport définit le concept ainsi : « Le développement durable est un développement qui répond aux besoins du présent sans compromettre la capacité des générations futures de répondre aux leurs. Deux concepts sont inhérents à cette notion : le concept de "besoins", et plus particulièrement des besoins essentiels des plus démunis, à qui il convient d'accorder la plus grande priorité, et l'idée des limitations

---

1. Cf. l'article sur le sujet de Joël Ernult et Arvind Ashta, « Développement durable, responsabilité société de l'entreprise, théorie des parties prenantes : évolution et perspectives », *Cahiers du CEREN*, 2007.

que l'état de nos techniques et de notre organisation sociale impose sur la capacité de l'environnement à répondre aux besoins actuels et à venir[1]. »

Le rapport « Notre avenir à tous » a formulé un ensemble de recommandations communiquées lors de la Conférence mondiale de Rio sur l'environnement et le développement en 1992 : « Nous n'avons qu'une seule et unique biosphère pour nous faire vivre. Et pourtant chaque communauté, chaque pays poursuit son petit bonhomme de chemin, soucieux de survivre et de prospérer, sans tenir compte des éventuelles conséquences de ses actes sur autrui. D'aucuns consomment les ressources de la planète à un rythme qui entame l'héritage des générations à venir. D'autres, bien plus nombreux, consomment peu, trop peu, et connaissent une vie marquée par la faim et la misère noire, la maladie et la mort prématurée[2]. »

C'est ce rapport qui pose de façon majeure les fondations du développement durable : « Un mode de développement qui répond aux besoins du présent sans compromettre les capacités des générations futures à répondre aux leurs[3]. » Cette définition est très claire quant à ses ambitions. Et ce, même si l'on voit ici ou là ce terme être galvaudé, mal utilisé. Ainsi, bon nombre d'entreprises développent des produits ou services dits « développement durable » ou forgent un discours sur le thème, sans véritablement avoir à l'esprit cette définition précise. C'est pourtant de cette base reconnue unanimement que peut s'orchestrer un processus de développement durable pour une organisation. C'est-à-dire se demander systématiquement en quoi mon action répond à un besoin tout en garantissant de ne pas compromettre les besoins futurs. Cela repose sur trois piliers que l'on peut résumer ici :

- le principe d'équité :
  - assure les besoins de tous par une meilleure répartition de la richesse,
  - considère le développement des pays du sud,
  - considère une équité intergénérationnelle ;

---

1. « Notre avenir à tous », *Rapport de la Commission mondiale sur l'environnement et le développement de l'ONU*, présidée par Harlem Brundtland. D'après la version française originale, avril 1987.
2. *Idem.*
3. *Idem.*

- le principe de prévention : consiste à prévoir et en prévenir les conséquences environnementales de tout projet ;
- le principe de participation : le développement durable est une responsabilité collective qui requiert la participation active et la collaboration de tous, à tous les niveaux.

Ainsi, le simple recyclage d'un emballage de shampoing estampillé « développement durable » ne garantit pas forcément le respect des générations futures. Cela dépend de tout un ensemble intégrant *sourcing*, développement, méthode de fabrication, commercialisation, développement, traitement des déchets, etc.

Les trois principes du rapport Brundtland sont représentés sous la forme de trois sphères toutes imbriquées les unes avec les autres et qui, ensemble, constituent le « développement durable ».

Les trois principes du rapport Brundtland

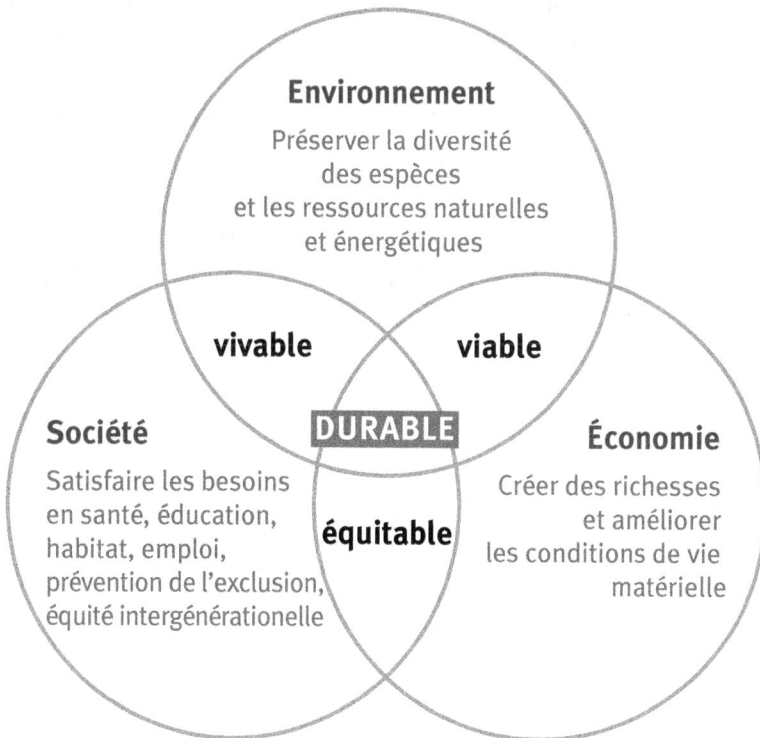

Environnement
Préserver la diversité
des espèces
et les ressources naturelles
et énergétiques

vivable   viable

Société
Satisfaire les besoins
en santé, éducation,
habitat, emploi,
prévention de l'exclusion,
équité intergénérationelle

DURABLE

équitable

Économie
Créer des richesses
et améliorer
les conditions de vie
matérielle

On notera que c'est en 2001 que la France inclut dans sa loi dite NRE (Nouvelle régulation économique) l'obligation pour les entreprises cotées de droit français de faire état dans leur rapport annuel de « la manière dont la société prend en compte les conséquences sociales et environnementales de son activité[1] ».

C'est en 1997 que le développement durable est transposé aux sphères managériales par Elkington avec la notion de *triple bottom line*[2] ; l'entreprise doit être performante selon trois axes :

- la rentabilité économique ;
- le respect de l'environnement ;
- l'équité sociale.

Cela reprend ce que le World Business Concil for Sustainable Development avait affirmé, en 1992, en définissant la RSE comme « un engagement des entreprises à agir dans un cadre légal en vue de participer au progrès économique et de contribuer à l'amélioration de la qualité de vie de ses salariés, de l'environnement et de la société dans son ensemble ». En 2001, la Commission européenne appuie ces propos en déclarant que la RSE doit « non seulement satisfaire pleinement aux obligations juridiques applicables, mais aussi aller au-delà et investir davantage dans le capital humain, l'environnement et les relations avec les parties prenantes ». La Commission européenne poursuivant l'année suivante ce discours en précisant que « les entreprises doivent intégrer les retombées économiques sociales et environnementales dans leur gestion ».

▩ LA NOTION DE RESPONSABILITÉ

Que l'on soit salarié, citoyen, association, entreprise, etc., la notion de responsabilité est par nature complexe non seulement parce qu'elle engage autrui, mais aussi parce qu'elle fait s'articuler plusieurs dimensions au sein d'un même individu à la fois citoyen et manager.

Nous avons dit que la responsabilité était notamment liée à la notion

---

1. Loi n° 2001-420 du 15 mai 2001.
2. J. Elkington, *Cannibals with forks, the triple bottom lines of the 21st century business*, Oxford, Capstone Publishing, 1997.

de « rendre compte de ses actes ». Or, l'individu ne peut rendre compte de ses actes dès lors qu'il n'est pas totalement libre de les avoir choisis. Par exemple dans un contexte économique où le marché du travail est tendu, il est évident que le salarié ne se sent pas totalement libre d'accepter ou de refuser certaines prérogatives de sa direction.

Quand bien même nous pouvons être libres et indépendants au sein de la Cité, dans quelle mesure cette liberté est-elle toujours présente dès lors que nous sommes dans le cadre du travail ? Pouvons-nous maintenir en tant que manager la responsabilité que nous recouvrons comme citoyen ? Les structures hiérarchiques, l'organisation administrative et opérationnelle des entreprises s'articulent forcément difficilement avec la liberté complète qu'exige la responsabilité.

LA POROSITÉ DES FRONTIÈRES « SPHÈRE PRIVÉE/SPHÈRE PUBLIQUE »

C'est dans ce contexte qu'émerge la problématique de la sphère privée *versus* la sphère professionnelle à l'endroit de l'innovation en général, pour l'innovateur en particulier.

Depuis quelques années, les entreprises occidentales – comme d'ailleurs les gouvernements – ne cessent de promouvoir la nécessité d'une claire séparation entre vie professionnelle et vie publique ou vie civile, le fameux *work/life balance*. L'enjeu est de faire en sorte que les individus ne soient pas dans leur vie personnelle troublés par leur travail. Dans le même temps, une autre conséquence est le risque d'une ignorance voire d'un mépris de l'impact de l'un sur l'autre. Autrement dit, à vouloir que le manager devienne un citoyen sans songer à son travail, c'est aussi vouloir que le manager soit uniquement dans ce rôle quand il est dans l'entreprise ; que finalement le manager laisse à la porte de l'entreprise sa casquette de citoyen. Cette dichotomie a, parmi d'autres conséquences, permis d'agir en priorité pour les bienfaits de l'entreprise et non pour la Cité. Dans quelle mesure, en effet, un manager s'interroge-t-il de la sorte : « J'ai devant moi une innovation à potentiels pour mon entreprise, son succès me fera peut-être même avoir une promotion. Cependant, compte tenu de certains impacts néfastes, dois-je renoncer au lancement ? » Une disparité se fait alors jour entre le pouvoir et la sollicitude, la bienveillance. Cette disparité est à l'origine de conflits possibles pour le manager. Comment peut-il répondre à cette question ? par ses valeurs ? sa morale ? Toutefois, la morale comme les valeurs sont très difficilement déterminables de façon universelle[1]. Nous savons que ce qui relève de la morale en Asie n'est pas perçu de la même manière en Afrique, et encore, plus simplement, que la sensibilité morale est différente entre un homme et une femme[2]. Or les innovations les plus significatives aujourd'hui transcendent largement les frontières, les continents, les genres. Cette dichotomie manager/citoyen doit être reposée. Doit-on promouvoir une séparation manager/citoyen ou au contraire mieux l'articuler pour que l'un ne domine pas l'autre ?

Il y a à définir la responsabilité dans l'innovation en prenant en considération tous les acteurs, en comprenant dans le même temps que chacun a plusieurs rôles. Une responsabilité où il est question de s'interroger sur l'individu susceptible d'être influencé par l'innovation – qu'il soit client, prospect, citoyen, etc. Non seulement l'innovateur doit comprendre qu'il est en même temps citoyen, mais que la sphère professionnelle est là pour prendre soin de la sphère privée. Ainsi que nous le fait comprendre Empédocle « Il ne peut y avoir de communauté humaine juste et harmonieuse qu'à la condition que ses membres se pensent et se comportent aussi comme des membres de la communauté plus large des vivants[3]. » Autrement dit, l'innovateur ne doit jamais se sentir autre que citoyen, qu'individu œuvrant pour la Cité, la communauté dans laquelle il se trouve pleinement.

LE PRINCIPE DE RESPONSABILITÉ EN ACTES

L'interaction entre sphère privée et sphère professionnelle souligne l'interdépendance entre manager et citoyen, entre l'innovateur et celui qui reçoit l'innovation dans son ensemble, où, finalement, sphère privée et sphère publique se confondent. Être responsable en tant que manager imposerait en quelque sorte la nécessité de se dédoubler. L'action que j'effectue en tant que manager, est-ce que je la souhaite

---

1. Mark S. Schwartz, « Universal Moral Values for Corporate Codes of Ethics », *Journal of Business Ethics,* 2005, n° 59, p. 27-44.

2. Sandra Laugier et Patricia Paperman, « La voix différente et les éthiques du *care* », in Carol Giligan, *Une voix différente*, Flammarion, 2008, p. III et XXIV.

3. Cf. Jean-François Balaudé, *Le Savoir-vivre philosophique*, Grasset, 2010, p. 117.

en tant que citoyen ? Voilà le principe de responsabilité ainsi qu'il peut être formulé dans la lignée de Hans Jonas dans son livre éponyme.

Dans cet ouvrage majeur[1], Jonas va jusqu'à se demander si l'humanité doit exister. Si oui, l'être humain doit alors adopter une nouvelle attitude de sollicitude envers le monde. Mais la question est : comment adopter une nouvelle attitude ? Comment le manager doit-il la prendre en compte ? Et peut-être même : avec quel manager ? Nous croyons fermement que l'innovateur se doit d'être le pilier de cette responsabilité. Nous le verrons plus bas, les managers interrogés montrent que la responsabilité se résume pour eux par les leviers sur lesquels ils peuvent agir et notamment sur tout ce qui a trait à l'opérationnalité de leur mission. Or l'innovation en fait pleinement partie, ainsi qu'ils le précisent. L'innovation est pour eux un levier véritablement actionnable de la responsabilité. Ce constat est à la fois préoccupant et encourageant car si l'innovateur a une telle mainmise sur la Cité en déployant ses idées et nouveautés, c'est aussi lui qui peut « changer le monde » en intégrant la dimension responsable dans ses projets.

La responsabilité de l'individu citoyen

Cette notion de responsabilité n'est pas si évidente à comprendre car elle est souvent associée à l'éthique, la morale, au respect, à la prise de conscience, etc. Or la responsabilité a une définition précise. Le terme « responsable » trouve son origine dans le terme latin *respondere* qui signifie « répondre de ses actes ». Cela fait sens avec l'origine de la notion de responsabilité utilisée dans le cadre de la responsabilité civile : « Tout fait quelconque de l'homme, qui cause à autrui un dommage, oblige celui par la faute duquel il est arrivé à le réparer[2]. »

Répondre de ses actes, c'est les assumer, s'en reconnaître l'auteur. En conséquence de quoi derrière cette notion se trouve un enjeu de maturité psychologique. C'est pourquoi il existe le « responsable pas coupable » concernant un individu qui, pris de folie, peut en assassiner un autre. Ou encore les parents qui sont dits responsables des actes de leurs enfants par manque de maturité de ces derniers. C'est pourquoi la responsabilité recouvre également une dimension morale, comme l'indique le Petit Robert : « L'obligation morale de réparer une

---

1. Hans Jonas, *Le Principe responsabilité...*, *op. cit.*
2. Code civil, article 1382.

faute, de remplir un devoir, d'assumer les conséquences de ses actes. »
C'est aussi pourquoi il y a un lien ténu entre responsabilité et liberté.
Être libre, c'est assumer l'ensemble de ses actes. Être responsable,
c'est pouvoir répondre de ceux-ci, du fait de cette liberté. Ainsi, un vrai
homme libre prendra le moins de responsabilité possible, car il lui sera
tout bonnement difficile de les assumer.

Il nous faut souligner le fait que, dans la langue anglaise, trois mots différents recouvrent la notion de responsabilité : *responsability*, *liability*
et *accountability*. Ce dernier terme est important car il induit la notion
de « devoir rendre des comptes ». Cela impose en quelque sorte la responsabilité face aux conseils d'administration, à la presse, au grand
public. Tous deviennent des interlocuteurs à qui les entreprises doivent rendre des comptes. La responsabilité n'est plus individuelle, elle
devient maximale, multiforme. De fait, l'innovation doit être pensée en
fonction de ces nouvelles contraintes et de la multiplicité des responsabilités. Le fait que la notion de responsabilité peut prendre des sens
et avoir des connotations différentes, comme ici en anglais, n'est pas
sans conséquence. Dans une économie mondialisée, si la notion de
« responsable » n'est pas entendue par tous de la même façon, cela
peut très facilement créer des incompréhensions sur ce qu'il faut faire
et comment il faut agir.

La compréhension de l'innovation-responsable

C'est pleinement dans ce dimensionnement de la responsabilité que
nous inscrivons le concept d'innovation-responsable. Et en cela nous
nous différencions tout à fait d'une compréhension de la responsabilité
qui serait entendue comme sociale. En effet, en France, l'innovation-
responsable est trop souvent confondue avec l'innovation de type
social ou sociétal. Dans ce dernier cas, l'enjeu est d'innover pour mieux
appréhender les problématiques des populations les plus défavori-
sées. Parmi ce type d'innovation, nous pouvons noter, par exemple, le
réfrigérateur « *little cool* » à 70 dollars qui fonctionne sur batterie afin
que les produits frais évitent les fluctuations de température dans les
pays où l'électricité n'est pas stable. Il en est de même pour l'électro-
cardiogramme MAC400 développé pour l'Inde et qui fonctionne également sur batterie pour que les paysans dans des coins reculés puissent
bénéficier de ce type d'examen. Toujours pour ce même pays, nous

pouvons noter la voiture Nano à 2 200 dollars, la tablette tactile à 35 dollars, etc. Une dernière innovation à mentionner peut être celle de Tata Consulting Service qui, conscient du coût des ordinateurs portables en Inde, a développé un système de connexion à Internet sur les télévisions où l'on peut naviguer depuis un simple téléphone portable. L'ensemble de ces innovations est capitale pour ces populations, et l'innovation sociale, sociétale jouit d'une croissance très forte, compte tenu notamment des progrès techniques et technologiques. Néanmoins, l'enjeu de l'innovation-responsable n'est pas celui-là, il ne s'agit pas de voir la responsabilité comme une finalité. L'innovation-responsable ne se structure pas au regard d'innovations sociales, car la responsabilité se doit d'être présente bien au-delà de ces questions. La notion même de responsabilité pour les innovations n'est pas l'apanage des innovations sociales, bien au contraire. Car si le marché est considérable sur les tablettes tactiles à bas prix, s'il est tout aussi important pour les réfrigérateurs « *little cool* », ils restent bien moins importants que les « standards » du marché. Et c'est auprès de ces derniers que la responsabilité doit s'appliquer, tant dans leur finalité que dans leur processus. D'ailleurs, il se peut qu'une innovation sociale ne soit elle-même pas responsable : par exemple que la voiture Nano à 2 200 dollars soit fabriquée avec des matériaux particulièrement polluants ; que le boîtier permettant le système de connexion à Internet sur les télévisions émette des ondes néfastes pour la santé de ceux qui se trouvent autour, etc.

La mauvaise compréhension de l'innovation-responsable, son emploi banalisé ne sont pas sans conséquence, alors que celle-ci doit être prise en compte dans toute stratégie d'innovation, dans tous les processus, dans tous les développements. En se retrouvant associée à des questions dont la finalité est sociale, elle risque d'être reléguée à des questions qui certes sont essentielles, mais ne constituent pas le quotidien du monde économique, compétitif, mondialisé dans lequel nous sommes. Autrement dit, l'innovation-responsable n'a pas pour ambition de s'arroger des questions sociales ni même de fournir la façon d'être innovant pour ce genre de problématiques, mais a pour prétention de s'inviter dans les processus d'innovations de l'ensemble des organisations pour jauger la question de la responsabilité, tant dans l'industrie que dans les services, que l'on soit dans les technologies de pointe comme dans les manufactures de base, etc. De plus, l'innovation-responsable ne s'arrête pas à des segmentations de populations, là où elle doit être prise en compte, c'est pour l'ensemble des cibles : jeunes et moins jeunes, aisés et moins aisés, urbains et ruraux, européens et asiatiques, etc.

En France, il s'agira d'être particulièrement vigilant sur l'utilisation du terme d'innovation-responsable souvent amalgamé avec les questions de responsabilité sociale, alors que, comme nous l'avons montré, ces deux notions sont différentes. En anglais, le terme *responsible innovation* est compris de façon plus large en mêlant à la fois les questions de responsabilité dans son ensemble large et les questions sociales. Ainsi René Von Schomberg, directeur général de la Commission européenne pour la Recherche, la Gouvernance et l'Éthique, expose que « recherche et innovation doivent être dans un processus transparent et interactif. Les acteurs sociaux et des innovateurs deviennent mutuellement responsables les uns aux autres avec un regard sur l'éthique, l'acceptabilité, la viabilité et l'opportunité de la société, le processus d'innovation et ses produits commercialisables. Tout cela afin de permettre une bonne intégration des avancées scientifiques et des technologies dans notre société[1] ». On note alors qu'il est aussi bien abordé la question de la finalité sociale de l'innovation que du process de l'innovation dans son ensemble. C'est dans cette optique que la Commission européenne définit l'innovation-responsable comme « un processus transparent et interactif grâce auquel les acteurs sociaux et les innovateurs interagissent et collaborent en vue de parvenir à l'acceptabilité éthique, la durabilité et la désirabilité sociétale des innovations[2] ». C'est sur la base de ces précisions que l'on peut lire les différents types de responsabilité au regard de l'innovation :

* **l'innovation-responsable**, définie par la Commission européenne comme un processus transparent et interactif par lequel les acteurs sociaux et les innovateurs doivent interagir et collaborer ensemble en fonction des opportunités pour que tout soit fait conformément aux enjeux éthiques sociétaux ;

* **l'innovation sociale**, définie selon le Bureau des conseillers de

---

1. René Von Schomberg, « What is responsible research and innovation », http ://ec.europa.eu/bepa/european-group-ethics/docs/activities/schomberg.pdf. Traduit par moi-même.
2. http://ec.europa.eu/research/index.cfm ?pg=org&lg=fr

politique européenne (BEPA)[1] qui, simultanément, doit répondre aux besoins sociaux et créer de nouveaux rapports sociaux ;

* **l'innovation inclusive**, enfin, dont le but est de livrer des produits de haute performance, des processus et des services à un prix très faible pour les personnes pauvres, du logement aux transports, des médicaments aux ordinateurs. Ces innovations doivent être avant tout très abordables financièrement[2].

Il y a de l'innovation sociale sans nul doute. L'objectif est l'amélioration de l'environnement, la protection de la santé humaine, les conditions de travail. C'est aussi se préoccuper des populations les plus à risques. Néanmoins, rappelons-le une nouvelle fois, l'innovation-responsable telle que nous l'entendons est différente. Selon nous, son objet est d'intégrer tout au long du processus de l'innovation – de sa conception jusqu'à sa mise sur le marché – des mesures favorisant le respect de l'environnement : matériaux non polluants, tri des déchets, recyclage, etc. C'est aussi la prise en compte de celui qui sera directement ou indirectement impacté par l'innovation. L'innovation n'est pas ici la recherche en soi de l'amélioration de l'environnement, de la santé humaine, des conditions de travail, mais d'intégrer toutes ces dimensions à la fois et quelle que soit l'innovation.

Ces distinctions sont fondamentales. En effet, si nous pensons qu'il y a des enjeux majeurs à innover dans une finalité responsable, sociale, sociétale, nous soutenons néanmoins qu'intégrer la responsabilité dans les processus d'innovation est bien plus crucial. Car l'innovation-responsable ainsi que nous l'entendons concerne l'ensemble des entreprises existantes et à venir, quels que soient la taille, le secteur, le lieu, etc. Prenons quelques exemples. Si Apple met en œuvre un programme qui consiste à recycler les iPod au sein de structures embauchant des personnes handicapées ou en grande difficulté cherchant à se réinsérer dans la vie active, il peut être dit que c'est un programme de recyclage qui a un volet innovant et responsable. Il en va de même pour la Grameen Bank qui a véritablement innové en développant le

---

1. http ://ec.europa.eu/bepa/index_fr.htm Le BEPA a pour principale vocation de constituer une passerelle entre les décideurs politiques de la Commission européenne et les acteurs de la société) ; ce sont les nouvelles idées (produits, services et modèles).
2. Déclaration du Dr. R.A. Mashelkar pendant le World Bank S&T Global Forum. December 2009.

micro-crédit auprès des populations les plus pauvres.

Il y a ici deux innovations à finalité sociale. Or nous considérerions comme une innovation-responsable le fait que, pour reprendre l'exemple des iPod, les terres rares chinoises[1] ne soient pas utilisées pour la production de produits toxiques, qui pourraient nuire à la santé des ouvriers, comme à celle des utilisateurs, etc. Tout comme pour la Grameen Bank, ce qui nous paraît avant tout fondamental n'est pas tant la finalité que la méthode : quelle est la provenance des fonds ? Y a-t-il un risque de surendettement des contractants ?, etc.

Car s'il est positif d'insérer des personnes handicapées dans la vie sociale, comme il est positif de faire accéder les plus pauvres au crédit, cela ne doit pas se faire à n'importe quel prix. Et, surtout, il est indispensable de savoir concentrer ses efforts de responsabilité sur ce qui a le plus d'impact pour la société et qui se révèle déterminant tout au long du processus d'innovation : ne pas introduire de produits nocifs dans la fabrication d'appareils, prendre les précautions de recyclage en amont, etc.

La responsabilité, morale et éthique

Comme nous l'avons dit précédemment, souvent avec la notion de responsabilité celles d'éthique, de morale apparaissent en filigrane. Il nous faut cependant bien les distinguer tout en sachant que l'éthique et la morale relèvent du même domaine. Les deux termes renvoient étymologiquement, en grec comme en latin, à l'idée de mœurs. Ils relèvent d'un ensemble de règles, de valeurs, de commandements, d'interdits qui gouvernent nos conduites.

La morale se donne comme un code normatif délimitant ce qui est « bon » de ce qui est « mauvais ». Il y a donc des actions morales à accomplir quand d'autres sont immorales ou interdites. L'éthique, quant à elle, est intrinsèquement liée à l'implication et à la mise en œuvre du code par le sujet lui-même.

Ainsi, par morale, on entend un ensemble de valeurs et de règles d'actions qui sont proposées aux individus et aux groupes par l'intermédiaire d'appareils prescriptifs divers : la famille, les institutions

---

1. Appelées de la sorte en raison de leurs propriétés géochimiques. Les terres rares ou « minerais rares » sont répartis très inégalement à la surface de la Terre.

éducatives, les religions, etc.[1] La morale est alors le comportement réel des individus dans leur rapport aux règles et aux valeurs qui leur sont proposées. On désigne ainsi la manière dont ils se soumettent plus ou moins à un principe de conduite, à un interdit, à une prescription[2]. La morale détermine comment et avec quelles marges de variation ou de transgression les individus ou les groupes se conduisent en référence à un système prescriptif explicitement ou implicitement donné dans leur culture et dont ils ont une conscience plus ou moins claire. C'est ce que l'on appelle la « moralité des comportements[3] ».

L'éthique, quant à elle, pourrait être résumée avec les quelques mots de George Edward Moore : « l'investigation de ce qui est bien[4] ». Toutefois, cette notion de « bien » est fluctuante et nous force à nous interroger sur ce qu'est le bien. Pour quoi ? Pour qui ? Et comment ? L'éthique renvoie d'abord à la philosophie grecque. Aristote – mais aussi les épicuriens, les stoïciens et chez certains présocratiques – est celui qui pose en quelque sorte la notion d'éthique. Cette notion a toujours été tournée vers le questionnement du statut de nos valeurs et les actions qu'elles engagent. L'éthique se présente comme théorie, discours explicatif censé éclaircir nos intuitions morales et guider nos comportements. Contrairement à la morale, l'éthique n'est pas articulée selon un appareil prescriptif, mais dans la manière dont chacun se constitue soi-même comme sujet moral du code[5].

L'innovation-responsable est-elle alors éthique ou morale ? Ni l'une ni l'autre, ou alors les deux à la fois. Elle est à la fois morale, car placée sous des oracles prescriptifs que sont l'entreprise, la législation, etc., et éthique, car elle existe non seulement en fonction d'éléments prescriptifs, mais également en fonction de ses propres convictions et comportements.

La responsabilité de l'entreprise

La responsabilité pour une entreprise est encore moins évidente que pour un individu. Et la première difficulté de la responsabilité en

---

1. Michel Foucault, « Usage des plaisirs et technique de soi », *Dits et Écrits II*, Gallimard, 2001, p. 1358.
2. *Idem.*
3. *Idem.*
4. George Edward Moore, *Principia Ethica*, Cambridge University Press, 2008.
5. Michel Foucault, « Usage des plaisirs et technique de soi », *op. cit.*

entreprise, c'est de savoir où elle se trouve. Qui est responsable de quoi, comment et où ? Si l'on comprend où se situe la responsabilité pour un individu vis-à-vis de lui-même et de son entourage, il s'agit de comprendre où elle se situe dans l'entreprise. Est-ce au niveau du salarié, du management, de l'actionnariat, dans les comités (de direction, d'administration, de surveillance, etc.) ?

- l'entreprise est dans un système de responsabilité à la fois partagé et séquentiel. La construction de l'entreprise génère en effet une prise de responsabilité à plusieurs endroits : à la fois au niveau des salariés, des dirigeants et des actionnaires. Cela constitue un premier niveau de responsabilité. Ces individus forment une première chaîne de responsabilité ; tous sont liés les uns aux autres ;

- un deuxième niveau de responsabilité que l'entreprise endosse est celui d'être une personne morale. À ce titre, l'entreprise a des responsabilités vis-à-vis de la société au sens large et se doit par exemple de payer impôts, taxes, etc. C'est d'ailleurs le premier niveau d'interaction avec la société, les citoyens en particulier ;

- le troisième pan de la responsabilité pour les entreprises recouvre les interactions avec leurs partenaires : les fournisseurs, les sous-traitants, les institutions, etc. L'entreprise se doit d'être responsable vis-à-vis de ses engagements et des contrats qu'elle reconnaît. La difficulté avec l'apparition de ce troisième niveau de responsabilité est que la législation devient plus floue. Il n'existe pas de loi pour toutes les actions entre entreprises. En conséquence de quoi, il peut y avoir, par exemple, des risques de domination des uns sur les autres ;

- enfin, dernier élément de la responsabilité, et qui est au cœur de notre propos, la conscience d'une responsabilité vis-à-vis des générations futures. Cela est d'autant plus complexe car, dans ce cadre, aucune négociation n'est effectivement possible. S'il peut y avoir des organes de contrôle dont l'enjeu est de préserver le futur, cela reste toutefois limité aux connaissances actuelles et l'on anticipe du mieux que l'on peut. Cette dernière responsabilité est donc bien la plus complexe puisqu'elle n'est pas portée vers une institution, un organisme, un partenaire ou un individu, vers « quelqu'un » qui n'existe pas encore. Et cette responsabilité est celle qui est à prendre pleinement en charge par les innovateurs, puisque, lorsque nous innovons, nous ne savons pas quels sont les impacts sur les générations futures, ni sur leurs comportements et attitudes.

La question des parties prenantes

Ces différents pans de responsabilité montrent que si le manager-individu et l'entreprise sont les principales parties prenantes, il s'agit de ne pas s'arrêter à cela. En effet, la question fondamentale de la responsabilité des entreprises dans l'innovation-responsable est la prise en compte des attentes de tous les acteurs, qu'ils soient internes ou externes à l'entreprise. L'ensemble des parties prenantes se doit d'être compris pas tant comme une constellation d'acteurs que comme un écosystème. Certes, les parties prenantes peuvent être vues à la manière de Freeman comme « tout groupe ou tout individu qui peut affecter ou être affecté par la réalisation des objectifs d'une organisation[1] », mais l'enjeu serait de les voir comme moteurs, comme contributeurs d'un système global dans lequel rien ne peut fonctionner si l'un disparaît. L'écosystème en écologie désigne l'ensemble formé par une association ou une communauté d'êtres vivants et son environnement biologique, géologique, hydrologique, climatique, etc. Les éléments constituant un écosystème développent un réseau d'échanges d'énergie et de matière permettant le maintien et le développement de la vie. Il en va de même pour l'entreprise. L'actionnaire ne peut survivre sans salarié, celui-ci ne survit pas sans fournisseur, ce dernier n'a pas de raison d'être sans client, lui-même ne peut se projeter sans un développement des entreprises qui répondent à ses besoins, etc. Autrement dit, on doit se préoccuper de la « santé » de l'autre parce que notre propre « santé » en dépend. Selon Freeman, cela s'articule en trois axes :

- le niveau « rationnel » : approche descriptive qui conduit à une identification exhaustive des parties prenantes ;
- le niveau « processus », qui s'intéresse à la procédure systématiquement développée par l'entreprise pour prendre en compte les intérêts des parties prenantes dans son processus d'élaboration de mise en œuvre et de contrôle de la stratégie ;

1. R.E. Freeman, *Strategic Management : A Stakeholder Approach*, Piman-Ballinger, 1984, p. 48.

- le niveau « transactionnel », qui cherche à comprendre comment interagir, négocier, gérer les parties prenantes.

Ci-dessous, nous pouvons retrouver en détail l'état des parties prenantes pour une entreprise[1]:

Parties prenantes			Attentes
PARTIES PRENANTES INTERNES	Personnel	Direction générale	• Flexibilité et mobilité du personnel • Adhésion des syndicats à la politique globale de l'entreprise • Motivation du personnel, cohésion sociale et attractivité • Délégation (efficacité de l'encadrement intermédiaire)
		Encadrement intermédiaire	• Constance dans les décisions de la direction • Respect de la hiérarchie et de la délégation (respect de la fonction d'intermédiaire) • Participation au management
		Employés	• Rémunération attractive • Conditions de travail • Autonomie/Développement personnel • Formation • Épargne salariale • Considération des supérieurs hiérarchiques • Politique sociale et environnementale (rôle civique du salarié et perspectives d'évolution)
		Représentants du personnel	• Respect des acquis sociaux et des libertés syndicales • Participation des salariés à la politique générale de l'entreprise • Clarification des règles de gestion du personnel

…/…

---

1. Joël Ernult et Arvind Ashta, « Développement durable, responsabilité société de l'entreprise, *op. cit.*

.../...

Parties prenantes			Attentes
PARTIES PRENANTES EXTERNES	Monde économique	Fournisseurs	• Respect des contrats et prévention des pratiques anticoncurrentielles • Confiance et relation à long terme • Intégration dans le système de production : achats, délais, transport, *outsourcing* • Intégration dans le système qualité • Politique sociale et environnementale
		Clients/ Consommateurs	• Prix • Innovation/ qualité du produit/ service après-vente • Risques environnementaux et sanitaires liés aux produits • Respect des réglementations (sociales et environnementales) • Certification du produit (qualité, écolabels, traçabilité)
		Banques/ Assureurs/ Investisseurs	• Valeur de l'action • Efficacité et transparence du management (gouvernement de société) • Risques financiers (stratégie et Investissements) • Fiabilité de l'information et transparence (rapport fiable) • Fréquence et réalisation de contrôles (audits internes et contrôle de gestion) • Responsabilité juridique (transparence) • Risques liés à l'activité (pollution, sécurité interne) • Certification du système de production (qualité) • Certification légale (audit des comptes)

.../...

.../...

Parties prenantes			Attentes
PARTIES PRENANTES EXTERNES	Monde politique	• Développement économique local (emploi local, effet d'attraction d'autres acteurs de la vie économique, optimisation des retombées économiques sur l'activité locale...) • Investissement à long terme (pérennité) • Risques et impacts environnementaux et sanitaires liés aux produits ou à l'activité • Taxes et redevances (contributions aux finances publiques) • Respect de la réglementation • Communication externe et participation à la vie entrepreneuriale • Certification	
	Monde médiatique	• Communication externe (transparence) • Rapport avec la collectivité et les institutions • Risques et impacts environnementaux et sanitaires liés aux produits ou à l'activité • Respect des réglementations (sociales et environnementales) • Certification (rapport annuel et qualité) • Implication et respect de la vie locale	
	Riverains et ONG	• Implication et respect de la vie locale • Risques et impacts environnementaux et sanitaires liés aux produits ou à l'activité/nuisances (sonores, infrastructures) • Respect des réglementations (sociales et environnementales) • Responsabilité juridique (transparence)	

La responsabilité du manager

Le premier acteur de la mise en œuvre du développement durable – plus exactement de l'innovation-responsable – est le manager. C'est à lui que revient la responsabilité des actes effectués dans l'entreprise.

Entre l'individu et l'entreprise se trouve le manager, personnage difficile à définir puisqu'il n'est pas que le citoyen de la vie civique, il est aussi celui qui porte – avec un ensemble d'autres individus – les valeurs d'une personne morale : l'entreprise. C'est pourtant bien lui qui porte une responsabilité dans ses faits et gestes, dans ses décisions, dans ses démarches dans l'entreprise. Il importe donc de regarder au plus près la façon dont agissent les individus, comment ils comprennent, comment ils se meuvent dès lors que la question de la responsabilité est en jeu.

Ainsi, nous cherchons à délimiter le comportement d'un individu et la notion de responsabilité qu'il porte au-delà de ce que nous avons dit sur la complexité de mêler sphère professionnelle et sphère privée[1]. Plusieurs études montrent que les managers ont spontanément une vue particulièrement étroite de la responsabilité, une vue dite « médiatique ». Cela se traduit dans les faits par des managers qui ont une approche réactive de la responsabilité, c'est-à-dire ne pas nuire, se concentrer sur les risques que l'on peut éviter par rapport à des managers, plutôt qu'une approche proactive, croyant que l'entreprise peut transformer la société[2].

---

1. Esben Rahbek Pedersen, « Modelling CSR : How managers understand the responsibilities on business toward society», *Journal of Business Ethics,* 2010, n° 91, p. 155-166.

2. Notons que si la responsabilité est ce qui nous importe, de nombreuses fois nous devons nous reporter à des études portant sur la RSE, nous emploierons ainsi RSE et responsabilité régulièrement comme des synonymes, même s'il peut y avoir des variantes de compréhension. Précisons que nous qualifions la RSE selon la commission au Parlement européen, au Conseil et au Comité économique et social européen (22 mars 2006) : « La responsabilité sociale des entreprises (RSE) est un concept qui désigne l'intégration volontaire, par les entreprises, de préoccupations sociales et environnementales à leurs activités commerciales et leurs relations avec leurs parties prenantes. Les entreprises ont un comportement socialement responsable lorsqu'elles vont au-delà des exigences légales minimales et des obligations imposées par les conventions collectives pour répondre à des besoins sociétaux. La RSE permet aux entreprises, quelle que soit leur taille, de contribuer à concilier les ambitions économiques, sociales et environnementales en coopération avec leurs partenaires. À ce titre, la RSE est devenue un concept de plus en plus important tant dans le monde que dans l'Union européenne et s'inscrit dans le débat sur la mondialisation, la compétitivité et le développement durable. En Europe, l'encouragement de la RSE reflète la nécessité de défendre des valeurs communes et d'accroître le sens de la solidarité et de la cohésion. »

Le manager face à la multiplicité des responsabilités

Pour entrer plus en détail dans la compréhension de ce que représente la responsabilité pour un manager, il est utile de se pencher sur
une étude réalisée auprès d'un millier de salariés sur leurs actions en
termes de responsabilité dans leur travail. Cette étude a été menée au
sein de huit grandes entreprises où les managers ont alors classé par
ordre d'importance les critères suivants[1] :

- respecter l'environnement ;
- être capable de fournir des services et produits qui satisfassent
  les consommateurs, non pas en termes de besoin, mais en termes
  de qualité et de sûreté. Savoir répondre au client/utilisateur en
  lui fournissant le meilleur produit ou service pour entretenir une
  relation durable ;
- s'interroger sur la qualité de vie des employés : leur offrir un lieu
  sûr et sain, les traiter avec dignité, respect, inspiration, humour,
  etc. Permettre à chacun de se développer via la formation ;
- être responsable vis-à-vis de la communauté locale et la société
  de manière plus globale ;
- respecter la législation en vigueur ;
- créer de la valeur pour les actionnaires et parties prenantes : l'entreprise doit agir dans le débat sur la mondialisation, la compétitivité et le développement durable. L'enjeu est de faire en sorte de
  créer un bénéfice pour l'ensemble des parties prenantes.

---

1. Esben Rahbek Pedersen, « Modelling CSR : How managers understand the responsibilities on business toward society », *op. cit.* Table II : Key groups of societal
responsibilities.

Groupes essentiels des responsabilités sociétales

Problématiques	Liste des entreprises								Total
	A	**B**	**C**	**D**	**E**	**F**	**G**	**H**	
Respect de l'environnement	16	82	9	38	61	57	42	46	351
Problème de produits									
Fourniture de produits	36	18	4	10	29	30	16	46	187
Qualité de produits	31	6	0	5	13	12	1	30	98
Sécurité de produits	12	5	2	0	11	14	1	3	48
Innovation de produits	25	6	0	1	7	5	3	5	52
Soin des consommateurs et des utilisateurs	33	4	3	5	13	22	5	24	109
Problème d'employés									
Bien-être et développement des employés	20	24	8	30	21	23	6	10	142
Santé et sécurité des employés	6	40	2	5	41	9	12	14	129
Opportunités des emplois	3	23	1	6	8	7	3	2	53
Communautés et société									
Préoccupation de communauté	6	47	3	10	31	17	15	7	136
Bien-être et développement de société	11	32	1	15	18	18	22	13	130
Éducation de société	5	5	9	5	3	12	3	0	42
Sponsorat, philanthropie, don, etc.	5	6	0	7	5	12	5	3	43

.../...

.../...

Problématiques	Liste des entreprises								Total
	A	B	C	D	E	F	G	H	
Conformité légale	6	20	7	17	17	12	5	11	95
Parties prenantes/ actionnaires									
Préoccupation des actionnaires	3	18	1	1	10	6	7	6	52
Préoccupation des parties prenantes	1	17	2	2	8	5	10	7	52

Ce que démontrent les premiers résultats de l'étude, c'est que la notion de responsabilité n'est pas claire pour les managers. Plus exactement, elle porte sur plusieurs dimensions qui ont peu de rapport les unes avec les autres. Pour les managers, la responsabilité, c'est autant le respect de l'environnement que la formation des employés, la relation à l'actionnariat, la relation client, etc. Cela montre une difficulté de compréhension du terme « responsabilité », mélange d'appréciations qui d'ailleurs n'est pas sans créer des tensions. En effet, quelle décision une entreprise devra-t-elle prendre si un de ses clients l'oblige à des actions de non-respect de l'environnement ? Quelle responsabilité va primer sur l'autre ? Comment résoudre ce dilemme entre responsabilité sociale ou sociétale et responsabilité fournisseur/client.

Il est également étonnant d'observer que, finalement, peu de managers évoquent les notions de diversité, d'importance, d'équilibre entre travail et vie privée, le recrutement, les droits de l'homme, la réduction de la pauvreté, etc. Les managers ont en effet une vision très étroite de la responsabilité. Cela s'explique en partie par le fait qu'ils ne considèrent la responsabilité que dans leur domaine d'opérationnalité. Ils ne s'imaginent pas avoir des actions dans l'entreprise qui puissent dépasser leur domaine de compétence ou de responsabilité définie. Dès lors, ils ont une compréhension très classique et « visible » de la responsabilité : environnement, management, etc.

Le schéma ci-contre illustre les points sur lesquels les managers considèrent qu'ils peuvent agir au sein de leur entreprise et, en conséquence, quels sont pour eux les lieux possibles d'exercer une responsabilité[1].

1. Esben Rahbek Pedersen, « Modelling CSR : How managers understand the responsibilities on business toward society », *op. cit.* Figure 1. A practionner-based model of social responsibilities.

Cette représentation par Pedersen montre que les managers qui se trouvent au centre des deux cercles ont effectivement une vision très réduite de la responsabilité. Ce dont ils se préoccupent en premier, c'est l'activité opérationnelle de l'entreprise, l'activité dont les missions sont proches des leurs, qui les touchent en premier. C'est pourquoi ils se soucient de développer et de promouvoir des produits/services de bonne qualité, dans un environnement de travail agréable qui impacte le moins possible l'environnement extérieur (cercle noirci). Il est entendu qu'il y a bien des impacts au-delà de l'opérationnalité, mais ces impacts ne sont entendus que dans un second temps (cercle élargi).

Un modèle des responsabilités sociétales fondé sur la pratique

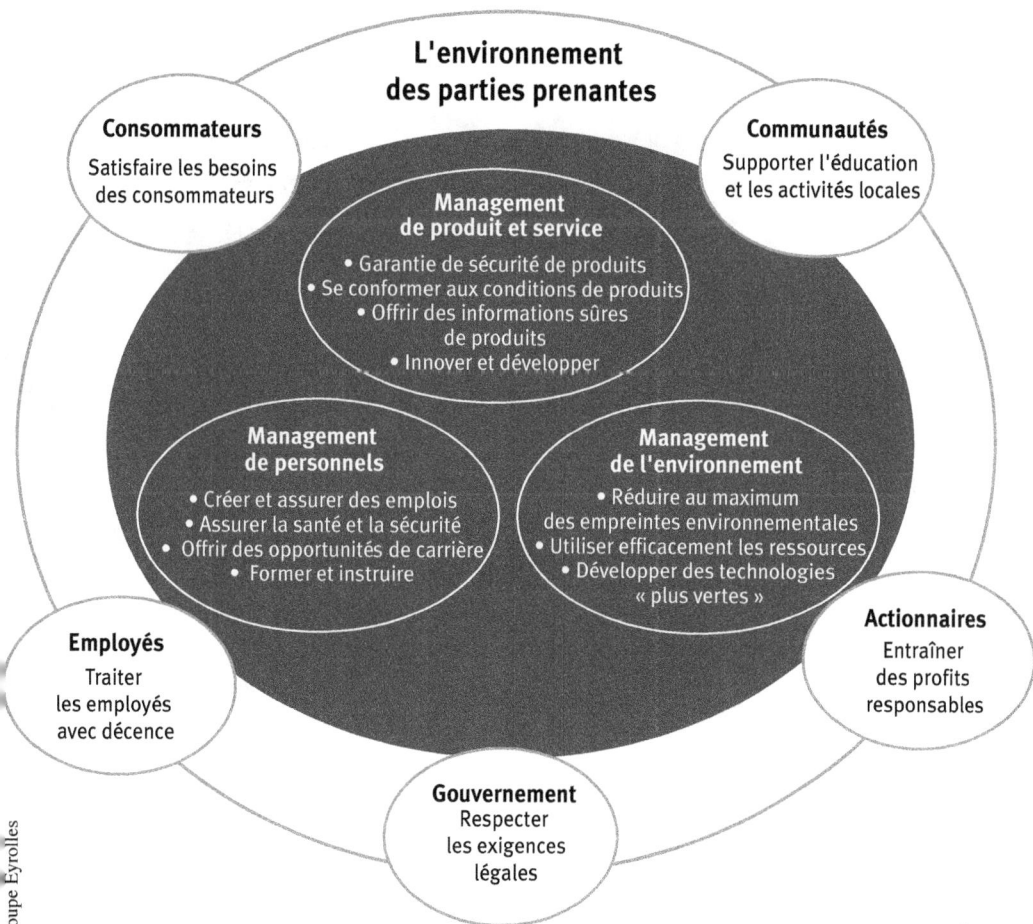

L'environnement des parties prenantes

Consommateurs
Satisfaire les besoins des consommateurs

Communautés
Supporter l'éducation et les activités locales

Management de produit et service
• Garantie de sécurité de produits
• Se conformer aux conditions de produits
• Offrir des informations sûres de produits
• Innover et développer

Management de personnels
• Créer et assurer des emplois
• Assurer la santé et la sécurité
• Offrir des opportunités de carrière
• Former et instruire

Management de l'environnement
• Réduire au maximum des empreintes environnementales
• Utiliser efficacement les ressources
• Développer des technologies « plus vertes »

Employés
Traiter les employés avec décence

Actionnaires
Entraîner des profits responsables

Gouvernement
Respecter les exigences légales

Ce comportement face à la responsabilité et finalement la faible connaissance que le manager porte sur sa définition ont pour conséquence qu'il ne peut, dans le meilleur des cas, que se conformer à la loi. C'est pour lui le point de référence, il ne peut que s'en remettre à des cadres qui lui sont définis : la loi, les règles de marché, les codes réglementaires, les chartes, etc. Cela ne veut pas dire que tous les managers agissent de cette façon ni même que d'autres ne vont pas plus loin. Mais, dans la majorité des cas, la responsabilité est appliquée de façon restrictive. Se conformant aux lois et obligations, le manager « ne nuit pas » et veille à suivre cette ligne directrice.

2

La course vers l'incertain

« Que de loisirs on gagne si l'on ne regarde pas
ce que le voisin a dit, fait, ou pensé,
mais seulement ce qu'on fait soi-même. »
Marc Aurèle
Pensées pour moi-même

■ DÉCIDER SANS CONNAÎTRE

LA PERTE DE CONTRÔLE DES INNOVATIONS

La détermination de la responsabilité nécessite autant la compréhension que l'intégration du futur, sans savoir véritablement ce qu'il sera… Et c'est bien là où se trouve la complexité. Nous nous trouvons en permanence dans l'incertitude, tout au long de notre vie, qu'elle soit privée ou professionnelle. Paradoxalement, c'est par aveuglement de cette incertitude que nous agissons, c'est l'absence de prise de conscience qui nous fait agir.

Les quinze dernières années n'ont fait qu'accentuer cet abîme de l'incertain qui nous environne. Pour bien comprendre ce contexte, il suffit de mettre en perspective quelques exemples que nous venons de vivre et qui non seulement n'ont pas été anticipés, mais qui plongent chacun d'entre nous dans l'incertitude de l'avenir[1].

S'il pouvait être prévu que le déploiement du téléphone portable allait connaître un tel succès, peu ont parié sur le développement des SMS. Le premier message commercial par SMS date de décembre 1992 ; aujourd'hui il est envoyé quotidiennement plus de messages commerciaux par SMS qu'il n'y a d'habitants sur la planète. La disponibilité de la technologie et son accessibilité en termes de prix ont généré la diffusion massive. Ainsi, quand la radio a mis trente-huit années à être

---

1. Ces éléments proviennent des recherches de Karl Fisch, Scott McLeod, and Jeff Brenman. L'ensemble des sources est disponible sur : www.lps.k12.co.us/schools/arapahoe/fisch/didyouknow/sourcesfordidyouknow.pdf.

possédée par 50 millions d'individus, la téléphonie mobile n'en a mis que treize à toucher la même masse d'individus, Internet seulement quatre, l'iPod d'Apple trois. Et Facebook a touché 50 millions d'individus en seulement deux ans.

Cette course à la technologie ne s'amenuise pas. Le prochain défi est de produire, d'ici à 2013, un ordinateur doté de la même capacité computationnelle qu'un être humain en matière de logique et de raisonnement. Les prédictions visent même qu'en 2049 un ordinateur de moins de 1 000 euros aura les mêmes capacités computationnelles que l'ensemble des espèces vivantes réunies.

Toutefois, si Internet ressort de l'innovation technologique, celle-ci ne serait rien sans les services associés. Rappelons qu'en 1984 il y a à peine quelques milliers de services sur Internet, un million en 1992 et un milliard en 2008. Cela influe donc sur les modes de vie. À titre d'exemple, un couple sur huit qui s'est marié en 2009 aux États-Unis s'est rencontré sur Internet.

En termes d'employabilité et d'éducation, il faut savoir que les dix plus importantes offres d'emploi en 2010 concernent des postes qui n'existaient pas en 2004. Dans les écoles supérieures, nous préparons ainsi pendant cinq ans des étudiants à des emplois qui ne sont pas même créés. Sachant que l'information technologique double tous les deux ans, la moitié de ce qu'un étudiant ingénieur apprend pendant quatre ans devient obsolète dès la troisième année. Ainsi, l'employabilité et la flexibilité de tous sont désormais fondamentales lorsque l'on sait qu'un employé sur quatre quitte aujourd'hui son emploi au bout d'un an et qu'un sur deux le quittera avant cinq ans.

Ces quelques exemples ne sont là que pour démontrer l'incertitude de notre avenir, l'incertitude de l'innovation et de ses impacts. Ces situations ne soulignent qu'une chose : la perte de contrôle de l'individu-manager sur ses innovations. Nous développons des produits, des services, des comportements, sans véritablement en mesurer les conséquences – ce qui, par définition, est difficile, compte tenu de l'incertitude d'une innovation –, mais surtout sans être sûrs, d'avoir tout mis en œuvre pour garder sous contrôle ces développements. C'est aussi cette capacité de maîtrise, de contrôle de l'innovation qui permettra de qualifier ou non une innovation de responsable.

LES INCERTITUDES DU CYCLE DE VIE

L'enjeu est donc de savoir comment limiter le plus possible cette notion d'« incertitude », cœur de notre problématique. Autrement dit, dans l'idée de lancement d'un nouveau produit ou service, veiller aux moments où l'incertitude est la plus grande sur le cycle de vie. Sachant que, par ailleurs, plus le cycle de vie est sous contrôle, plus la responsabilité sera entière, puisqu'il s'agit aussi d'anticiper la fin de vie du produit, sa destruction, son élimination, etc.[1] Ainsi, si la connaissance du cycle de vie d'un produit ou service est destinée avant tout à prévoir les ventes, les opérations de communication et de relance, etc. il est aussi un outil précieux pour l'innovation-responsable.

Avec le regard responsable que l'on intègre au cycle de vie produit, on orchestre une « *maturity path towards true CSR-innovation integration* ». C'est-à-dire une voie où sera intégrée la responsabilité de l'innovation. Cela est déterminant pour envisager les incertitudes qui sont des *gaps*, des « cassures », des « décrochages » dans la courbe prévue du cycle de vie. L'élément crucial est donc ce gouffre *(chasm)* qui rend incertaine notre innovation, notamment à cause de deux facteurs qui influencent particulièrement sa diffusion : les médias de masse et les leaders d'opinion. Facebook, que nous verrons plus en détail (cf. p. 51), est un exemple typique de *gap* imprévisible qui ne fut pas contrôlé. Mark Zuckerberg n'a jamais anticipé les centaines de millions de connectés. Il s'est laissé dépassé par son innovation, se retrouvant à la tête d'une base de données gigantesque qui lui impose désormais une responsabilité qu'il n'avait pas imaginée ni même voulue à ses débuts.

Traverser le « gouffre » dans la courbe de diffusion de l'innovation

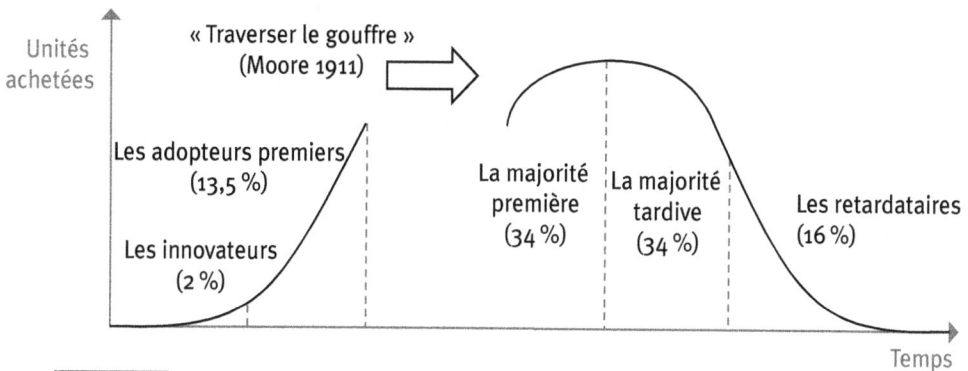

---

1. Steven P. MacGregor, Joan Fontrodona, « Exploring the Fit Between CSR and Innovation », *Working Paper*, IESE CBS, juillet 2008.

Ce schéma illustre le fossé qui existe entre les *early adopters* et les autres. La difficulté réside bien à cet endroit. Le principal challenge pour une entreprise responsable est d'anticiper ce fossé, en engageant une vision intégrale. Autrement dit, une entreprise peut développer un produit qu'elle lance sur le marché en ayant anticipé l'ensemble du processus responsable, à savoir : traçabilité du fournisseur, réflexions autour de la consommation carbone, recyclage des produits, prise en compte des possibles impacts sociaux, etc. Toutefois, ce que met en évidence le *chasm*, c'est qu'étant donné l'imprévisibilité de l'innovation, toute cette prise en compte n'est plus valide. Si le succès dépasse les prévisions, le fournisseur aura-t-il toujours la capacité d'approvisionner de façon responsable ? La dépense carbone sera-t-elle compensable de la même manière ? Les processus de recyclage seront-ils identiques ? Les salariés pourront-ils absorber des cadences supplémentaires. En cas d'échec de l'innovation, que faire des stocks d'invendus ? Un recyclage est-il prévu ? Lequel ? Quel avenir pour les employés, etc. ?

À l'évidence, l'innovation a affaire avec l'incertain et il ne s'agit pas de s'arrêter compte tenu des incertitudes. Il s'agit uniquement d'anticiper les possibilités, les succès, les échecs, les utilisations non anticipées, etc. C'est le sens du *maturity path towards true CSR-innovation integration*, c'est-à-dire comment la responsabilité se doit d'être intégrée au sein du chemin que va parcourir l'innovation.

Le cas 3M

Avec près de 27 milliards de dollars de chiffre d'affaires, 3M Company est l'une des entreprises les plus innovantes au monde. Elle dépose pas moins de 600 brevets par an grâce à sa recherche d'innovation permanente. Parmi les plus célèbres pour le grand public, on citera le ruban adhésif Scotch, la fibre synthétique Thinsulate, le fameux Post-it, ou encore l'adhésif repositionnable pour les changes de nourrissons. Pour le *business to business*, 3M n'en est pas moins un innovateur reconnu à travers ses systèmes de jonction pour câbles électriques, les Microflex circuits ou encore l'Aldara Cream, etc.

Pollution Prevention Pays

3M a toujours été confrontée au risque de mettre sur le marché des innovations polluantes, néfastes pour l'environnement tant dans la production que dans la consommation, à travers les phases d'élimination. Dès 1975, ce problème est au cœur des préoccupations de ces dirigeants, mais surtout de leur stratégie en considérant que la meilleure façon d'être responsable, c'est d'intégrer ces questions dans le processus même de développement. Cela prend naissance chez 3M à travers le programme 3P's : Pollution Prevention Pays. Celui-ci se focalise sur les impacts sur l'environnement, les ressources naturelles, la santé, la sécurité. L'idée principale est de transformer une contrainte environnementale en un avantage concurrentiel.

Ce programme a plusieurs fois été revu en fonction des découvertes scientifiques et technologiques. En 2002, il devient tout à fait transverse à l'entreprise et toutes les catégories de personnels sont touchées par le programme : la logistique, le transport, le packaging, etc. Toute l'originalité tient également au fait que ce programme est basé sur le volontariat. Autrement dit, sur la conscience de chacun dans ses décisions, dans ses innovations à un possible impact sur la société. Ce programme concerne également la gamme des produits existants. Considérant que la prévention est économiquement rentable, le programme 3P est destiné à anticiper, à prévenir les possibles pollutions. Tout l'enjeu est d'encourager la responsabilité pour éliminer les sources possibles de pollution en retravaillant sur le process, la reformulation, l'équipement et le recyclage.

Le volontariat des salariés dans ce projet est capital pour 3M et pour démontrer l'engagement de la direction, de l'entreprise à créer un comité d'évaluation (qui a reçu depuis 2002 plus de 7 500 projets toutes divisions confondues) qui remet des *Awards* aux innovations respectant la stratégie des 3P : élimine ou réduit la pollution, réduit la consommation d'énergie, etc.

Life Cycle Management Process

3M a compris que la responsabilité de l'innovation passait par la maîtrise, autant que possible, du cycle de vie du produit, enjeu de sa politique de gestion. Cela tient dans la volonté d'identifier et de minimiser les impacts environnementaux des produits tout au long de leur cycle de vie à travers quatre critères : environnement, énergie/ressources, santé et sécurité. Cela est mis en regard avec les processus opérationnels et les investissements : acquisition du matériel, opération de R&D

et opérations de production. Mais ce qu'il y a de plus original, c'est l'intégration au sein de ce même processus de l'évolution permanente des besoins des consommateurs et les utilisations qu'ils font des produits. Cette dimension permet d'anticiper le cycle de vie et en permanence d'ajuster les possibles impacts néfastes à la fois pour la société, mais également pour l'entreprise.

Le Life Cycle Management Process permet de garantir l'intérêt porté par 3M à l'environnement, la santé et la sécurité dans les quatre phases de vie d'un produit : conception, fabrication, utilisation et élimination. Ce process est réalisé avant le lancement et destiné à prévoir et à suivre l'évolution de l'innovation. Dès lors, si sur l'un des quatre axes (environnement, énergie, santé, sécurité) émerge un problème, la difficulté est automatiquement décelée au bon endroit et peut être traitée au plus vite. C'est d'ailleurs à cet endroit que le process 3P a son rôle à jouer. Sur le produit existant, le programme sera reconsidéré en fonction de la reformulation, du process, etc.

Cette politique de suivi du cycle de vie est intégrée aux procédés de fabrication. Les services de toxicologie et des affaires réglementaires s'attachent chez 3M à :

- analyser et optimiser chaque produit lancé dans son procédé de fabrication et dans les formulations choisies, pour l'améliorer en continu et assurer un impact minimal sur l'environnement à chaque étape de sa vie ;

- veiller à la bonne utilisation des produits distribués, en informant au maximum le consommateur sur le mode d'emploi ou en le conseillant par le service clientèle ;

- avoir un maximum de visibilité sur la manière dont les produits sont traités en tant que déchets lorsqu'ils sont en fin de vie.

Quelques exemples de récents développements réalisés par 3M selon sa politique d'innovation-responsable :

- ***process* de recyclage des débris de film radiographique.** 3M a développé un film innovant utilisé comme matériau de base pour les radiographies médicales et dont l'enjeu est d'éviter toute utilisation de produits chimiques lors du développement. Par ailleurs, toujours dans le domaine des films radiographiques, une équipe des usines de Caroline du Sud et de l'Alabama a créé une façon de recycler les débris de polyester « bleus » avec le matériau « clair ». Ainsi, dès la deuxième année de la mise en place de cette innovation, presque vingt tonnes de matériau de débris ont été réutilisées ;

- **un adhésif à base d'eau respectant les besoins environnementaux des clients.** Des sociétés d'ameublement ont demandé à 3M comment améliorer écologiquement leurs colles adhésives dans la fabrication de leurs marchandises. La division Adhésifs a alors formé une équipe internationale dédiée au développement d'un adhésif facile d'emploi, à base d'eau, pour que soient respectés au maximum les critères environnementaux. Un produit entièrement nouveau est sorti grâce à une toute nouvelle technologie. Ce produit est écologiquement positif puisqu'il élimine de 135 000 à 180 000 litres de solvants dès la première année par rapport à un adhésif classique et a permis de réduire considérablement l'élimination des déchets ;

- **isolant de câble sans halogène.** Chaque année des centaines de millions de câbles informatiques sont vendues dans le monde entier pour lier des ordinateurs, des moniteurs, des imprimantes et d'autres équipements électroniques. Ces câbles sont fabriqués à base d'halogène contenant de la fluorine, du chlore et du brome, comme dans beaucoup de types d'isolation. Avec succès, une équipe de la division Connexion-Solutions a mis au point un isolant sans halogène qui fonctionne avec les mêmes caractéristiques ;

- **conception de produits de nettoyage plus sûrs.** 3M s'est proactivement consacrée à la gestion d'utilisation de produits chimiques tel qu'il est décrit dans la politique de l'entreprise, laquelle s'applique à l'ensemble de l'entreprise. 3M s'est attelée à développer un produit de nettoyage pour vitres qui ne contient pas d'alkylphenol ethoxylates, contrairement à ses concurrents.

La politique de 3M en termes d'innovation-responsable est claire : répondre aux besoins, être proactif face à ses propres développements, améliorer en permanence sa propre gamme. L'entreprise souhaite également être un maillon dans une chaîne pour les entreprises qui souhaitent développer une réelle politique d'innovation-responsable. 3M ne cache cependant pas ses ambitions : opter pour une politique responsable, c'est tout autant être capable de développer des avantages compétitifs puissants pour répondre à ses clients que de réussir à distancer ses concurrents.

Avec l'exemple 3M, on voit clairement à quel point être responsable dans l'innovation réclame une politique impliquant tous les niveaux de l'organisation et nécessite le développement d'outils, etc. Dans le même temps, 3M devient un acteur incontournable, et ses clients n'hésitent pas à le solliciter et l'impliquer dans leur propre R&D.

■ LES AXES DE L'INNOVATION-RESPONSABLE

Trois axes permettent de comprendre et de prendre conscience de façon opérationnelle ce qu'est l'innovation-responsable et d'évaluer où peuvent être les endroits pour agir[1]. Ces trois axes constituent les piliers immuables de l'innovateur-responsable. Car, comme nous l'avons dit, l'innovateur n'est pas un salarié comme les autres, il n'est pas qu'au service de l'entreprise. Il est tout autant au service de la Cité avec toutes les responsabilités que cela incombe.

Les trois axes indissociables de l'innovation-responsable peuvent s'élaborer en trois problématiques :

- devons-nous toujours répondre aux besoins des individus ? C'est-à-dire que l'innovateur doit questionner les réponses à apporter aux besoins ;
- sommes-nous conscients en tant qu'innovateurs de notre incapacité à anticiper les conséquences de nos innovations (pour nos clients, notre cible) ? Autrement dit, quels sont les impacts directs des innovations ?
- toujours en tant qu'innovateurs, savons-nous poser un regard sur les conséquences de nos innovations sur les modes de vie (pour la société dans son ensemble) ? Ce troisième axe cherche à s'interroger sur les impacts directs des innovations.

---

1. Cf. l'édito de Bernadette Bensaude-Vincent, *Colloque innovation-responsable*, Collège de France, avril 2009.

RÉPONDRE AUX BESOINS DES INDIVIDUS ?

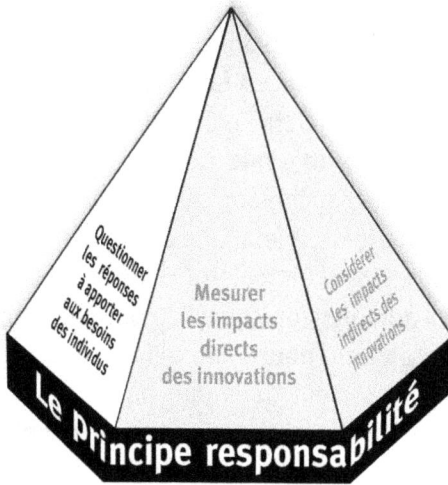

Si l'individu est par nature poussé à innover, c'est aussi parce qu'il est continuellement un être insatisfait. Rien ne semble pouvoir venir rassasier sa soif de consommation, de possession, et les équipes marketing sont légitimement en permanence en train de détecter quel est le besoin d'aujourd'hui ? de demain ? Dans quelle mesure ce besoin constitue-t-il un marché suffisant pour s'y investir ?

Le cas iPod

Quel est en effet le véritable sens du développement de près d'une vingtaine de générations d'iPod en moins de dix ans[1] ?

Du « classic 1G » en 2001 jusqu'à l'actuel « Nano 6G », Apple n'a cessé d'inonder le marché par une somme d'innovations incrémentales : Classic (2G, 3G, 4G, 5G, 6G), Mini (1G, 2G, Nano 2G, 3G, 4G, 5G, 6G), Shuffle (1G et 2G), Touch (1G et 2G). Sans compter la même politique à propos de l'iPhone (Classic, 3G, 3GS, 4G, 4GS, etc.), ainsi que l'iPad (1, 2), etc.

Si nous nous arrêtons sur l'iPod, à l'évidence, l'*insight*, le désir du consommateur...

À l'évidence l'*insight*, le désir du consommateur, est toujours aussi vif que lors du lancement par Sony en 1979 du baladeur cassette : vouloir écouter où l'on veut, quand on veut la musique que l'on apprécie. Les relatifs échecs des cassettes DAT et du *discman* à la fin des années 1980

---

1. Apple press release library : apple.com/pr/library/

et dans les années 1990 montraient que le lancement par Apple de l'iPod n'était pas sans risque. Toutefois, le succès obtenu en quelques mois a mis en évidence que la demande consommateurs était toujours bien présente et que quasiment plus aucun fabricant ne répondait à cet *insight*. Néanmoins, Apple n'a pas cherché à répondre simplement au « besoin », il n'a pas non plus essayé de « mesurer » le lancement de ses innovations. Fort de ses capacités technologiques, Apple a au contraire cherché à saturer les consommateurs, à leur faire acheter le dernier modèle, celui qui possédera la *click wheel* (la molette cliquable qui n'était pas sur les premiers), celui qui aura plus de capacité mémoire, celui qui possédera un appareil photo, celui qui pourra lire les vidéos, celui qui se connectera à Internet, celui qui tient dans une poche de chemise, etc. Pour aujourd'hui, posséder celui qui peut également téléphoner. Si, dans ce dernier lancement, on peut noter un véritable « gap » technologique et trouver légitime de développer un produit où l'on peut à la fois téléphoner et écouter de la musique, il n'empêche que l'on peut s'interroger sur la quantité de développements intermédiaires. À quoi ont-ils pu servir, si ce n'est à saturer de produits le consommateur qui n'éprouvait que le besoin légitime d'écouter de la musique au-delà de son salon et de sa voiture ? La concurrence, la volonté d'innover pour innover, de progresser, de réaliser de meilleurs résultats d'année en année ont fait émerger de nouvelles générations chez iPod, mais au bénéfice de qui et de quoi ? Et au détriment de qui et de quoi ?

Ces questions illustrent tout simplement la puissance du marketing, de l'innovation mais aussi – et peut-être surtout – celle des consommateurs. C'est la rencontre de deux puissances qui forment la situation et certainement pas le fabricant plus que le consommateur. Il faut réfuter l'idée selon laquelle le marketing crée le besoin. Si tel était le cas, alors que penser des échecs colossaux, même chez Apple ? Que dire de son premier portable MacIntosh (1989) qui fut un échec total, de l'ancêtre de l'iPad, le Newton Pad (1993), dont personne ne se souvient, ou du PowerMac G4 (2000). Et à l'évidence cela touche l'ensemble des marchés : Renault a fait les frais de son échec de l'Avantime (2002), comme Peugeot avec sa 1007 (2005), mais aussi le parfum Bic (1988) ou encore Danao de Danone (1998), etc. La liste est sans fin. Et pourtant, chacun de ces produits a bénéficié d'un budget marketing considérable, parfois de plusieurs dizaines de millions d'euros. Si le marketing pouvait créer la demande, ces idées se seraient toujours traduites en innovations, c'est-à-dire en succès. Cela montre le rôle fondamental que jouent les consommateurs dans les succès ou les échecs, ils ne sont clairement pas les moutons-acheteurs comme parfois on cherche à les réduire.

À défaut de les créer, le marketing détecte les besoins des consommateurs, pour ensuite les traduire en produits, services et les mettre sur le marché. Cela signifie que le rôle du marketing est non pas de créer un besoin, mais de mettre sur le marché ce que les consommateurs désirent. Autrement dit et c'est là toute la complexité de notre propos : un besoin détecté doit-il nécessairement avoir une réponse ? Le marketing doit-il avoir encore le réflexe de tout orchestrer dès lors qu'un besoin est détecté ? N'y a-t-il pas une responsabilité des directions marketing, des directions d'innovations à savoir mesurer ses lancements ? Si Apple a clairement mis le doigt sur un besoin avec l'iPod et sa plateforme iTunes, dans quelle mesure est-il nécessaire de lancer une vingtaine de déclinaisons, si ce n'est pour faire prospérer à court, moyen et long termes ses actionnaires aux dépens de ses clients ? Pourquoi l'iPad 1 n'a-t-il pas directement été lancé avec les améliorations de l'iPad 2 ? La caméra, la rapidité du processeur, etc. figuraient déjà parmi les compétences d'Apple au moment de la sortie de la première version. L'évolution technologique est un critère important, mais Apple pourrait tout à fait imaginer, moyennant un certain coût, une mise à jour du produit par une simple visite dans un magasin agréé. Ainsi, au lieu d'inonder le monde de 300 millions d'iPod[1], Apple pourrait vendre des mises à jour limitant la prolifération des versions de ses produits tout en développant son chiffre d'affaires.

C'est en cela que la responsabilité est à considérer pour le marketing, pour l'innovateur. Dans quelle mesure doit-elle répondre à tous les besoins ? Est-ce parce que les élèves de lycée ne veulent pas faire leurs devoirs qu'il faut lancer un service sur Internet permettant de les faire à leur place[2] ? Est-ce parce qu'une fraction de la population a une soif de désirs sexuels tendancieux qu'il faut organiser des séjours répondant à cette demande[3] ?

---

1. Source : http://itunes.apple.com/fr/podcast/apple-keynotes/id275834665
2. *Libération* du 7 mars 2009, « Faismesdevoirs.com ferme déjà ses pages ». Cf. Xavier Pavie (dir.), *Management stratégique des services et innovation*, L'Harmattan, 2010, p. 11-31.
3. À titre d'exemple, les sites Internet : pleasuretours.com ; alternativephuket.com ; globalfantasies.com ; temptation.originalresorts.com ; affordable-adult-vacations.com ; wildwomenvacations.com ; pornweek.com

La responsabilité, c'est aussi savoir pondérer ses lancements, savoir les mesurer afin de permettre aux consommateurs de les « digérer ». C'est également considérer une nouvelle façon de produire pour consommer différemment ; l'exemple des mises à jour de système est une possibilité parmi d'autres.

LES IMPACTS DES INNOVATIONS SUR SES BÉNÉFICIAIRES

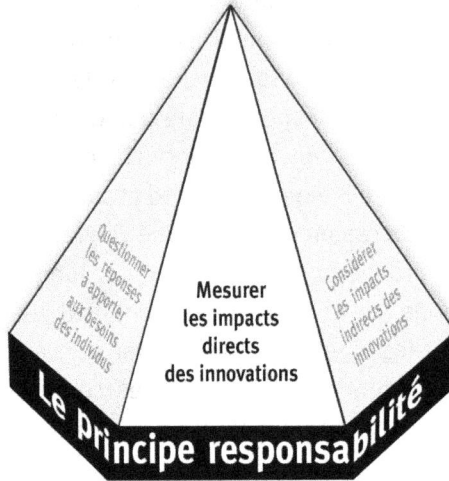

Le deuxième axe est l'incapacité des innovateurs à prévoir l'impact des lancements tant pour les actuels que pour les futurs clients. Cela est en lien avec l'incertitude, donnée incontournable dans la mise en œuvre d'innovations. Tout service marketing d'une entreprise a pour mission de prévoir au plus juste les ventes qui vont être générées par l'innovation en question. Que ce soit pour un meilleur approvisionnement, une meilleure gestion des stocks, etc.

Cette incapacité des innovateurs à calculer et à prévoir est notamment due aux possibles erreurs des études de marché. Succès ou échec, toute prévision reste une prévision. Nous avons souligné en quoi le marketing ne crée pas la demande ; au mieux il la découvre. Nous avons également mentionné quelques échecs marketing qui peuvent montrer dans ce deuxième axe l'incapacité des innovateurs à prévoir.

Ainsi, notre liste précédente peut être complétée par des innovations dont le succès prédit ne s'est pas avéré : la Dreamcast de Sega (1998), le Bip Bop de France Telecom (1991). À l'opposé, les études clients prédisaient un échec du Walkman en 1979, de la proposition Ikea en 1947 ou encore de la Logan en 2005. Seule la ténacité de quelques dirigeants a eu raison de ces dernières prévisions. Des centaines d'exemples sont évidemment concernés par l'une ou l'autre situation. Ces prévisions erronnées semblent s'accroître d'autant plus que s'orchestre une course à l'innovation, ce qui génère prises de décisions rapides, parfois hâtives uniquement en raison du contexte concurrentiel, parfois même au mépris de la vie des clients. Rappelons à ce titre le cas de la Ford Pinto[1], tristement surnommée « the Barbecue that seats four », le barbecue à quatre places...

Le cas Pinto de Ford

En 1968, le président de Ford, Lee Iacocca, décide de lancer sur le marché le nouveau modèle du véhicule Pinto. L'innovation portait sur le *process* : sa phase de production, habituellement de quarante-trois mois, est réduite de presque la moitié à vingt-quatre mois. Le design du véhicule importait aux ingénieurs ; ils décidèrent donc à la fois d'alléger le véhicule – ce qui le rendait plus rentable – et, dans un souci esthétique, de placer le réservoir à essence plus près de l'arrière du véhicule, et ce pour un meilleur profil.

La National Highway Traffic Safety Administration (NHTSA), responsable de la conformité des véhicules aux États-Unis, proposait d'adopter le standard 301 : un test de collision à 40 km/h dont l'objectif était de vérifier l'étanchéité du réservoir d'essence, et ce afin de protéger les passagers contre tout risque d'explosion. Ford réalisa ces tests de conformité... et seuls trois de leurs véhicules avaient alors réussi le test. Cependant, le standard 301 n'était alors pas une obligation. Lee Iacocca décida donc de lancer la Pinto sur le marché en 1971.

Il faut préciser ici que des études avaient bien démontré que, sur les 400 000 accidents de voiture suivis d'explosion aux États-Unis, chaque année on répertoriait 3 000 décès par brûlures et autant de brûlés graves. L'étude ajoutait même que l'adoption du standard 301 épargnerait alors 40 % des vies.

---

1. Shaw et Barry, *Moral Issues in Business*, 6ᵉ édition, Belmontk, Wadsworth Publishing Company, 1995, p. 84-87. Voir également Jonathan Raymond, « La Ford Pinto : le contre-exemple américain », *Le Polyscope, le journal de l'École polytechnique de Montréal*, vol. 36, mars 2003.

Ainsi, fin 1977, Ford dut faire face à un très grand nombre de plaintes quant au réservoir à essence de la Pinto. La NHTSA décida donc d'examiner les véhicules, y compris les modèles antérieurs. L'examen conclut sur la dangerosité évidente du réservoir à essence, son emplacement le rendant sujet à explosion.

Début 1978, Ford rappela alors les voitures circulant sur le marché – un million et demi –, tout en précisant que la firme n'était pas d'accord avec les conclusions de la NHTSA. Le coût du rappel : 20 millions de dollars. Mais, entre 1971 et 1978, au moins 53 personnes avaient déjà trouvé la mort dans des accidents au volant de la Pinto.

Revenons sur la décision de Ford en 1971. L'entreprise se trouvait en effet face à un dilemme : fallait-il adapter la nouvelle Pinto au standard 301 proposé par la NHTSA – sachant, d'une part, que celui-ci n'était pas encore exigé et que, d'autre part, la production n'en serait que retardée ? Ou fallait-il produire ce nouveau modèle alors que Ford savait pertinemment que les passagers seraient exposés à des risques deux fois supérieurs en cas d'accident ? À l'évidence, le problème était financier et laissait une voie à la concurrence sur ce créneau.

En réalité, Ford a pris cette décision en s'appuyant sur l'étude Fatalities Associated with Crash-Induced Fuel Leakage and Fires, réalisée par Ford et plus particulièrement par son directeur de la sécurité routière J.C. Echold. Cette étude montrait que les modifications permettant de correspondre au standard 301 représentaient un coût de 11 dollars par automobile.

Ces coûts étaient comparés à ce que l'entreprise perdrait en cas d'accidents entraînant la mort ou des blessures graves. L'évaluation était donc quantitative. Selon une autre étude de la NHTSA, la société Ford perdait 200 000 dollars chaque fois qu'une personne était tuée dans un accident d'automobile. Cette estimation incluait la perte de productivité pour les années de travail perdues (173 000 dollars), les frais d'administration, les souffrances de la victime (10 000 dollars), les frais hospitaliers (1 125 dollars), le coût des funérailles (900 dollars), etc.

Or, au moment de cette décision, Ford a estimé qu'elle produirait au total 12,5 millions de véhicules. À 11 dollars l'unité, les modifications étaient donc évaluées à 137,5 millions de dollars. Quant aux pertes dues aux divers accidents, elles furent évaluées à 49 millions de dollars (selon une prévision de 180 morts, 180 brûlés graves et 2 100 pertes de véhicules). Par conséquent, la différence représentait 88 millions de dollars. Ainsi, selon Ford, il était plus rationnel de ne pas procéder à la modification du réservoir...

Ford fut même confortée dans ce choix puisque, entre 1971 et 1978, l'entreprise fut acquittée lors de la cinquantaine de poursuites judiciaires auxquelles elle fit face. Ford n'avait en effet rien à se reprocher sur le plan légal : elle avait respecté les standards de sécurité alors en vigueur. Évidemment, elle ne précisa pas qu'elle avait tout fait pour retarder l'adoption par la NHTSA de ces nouveaux standards.

Ce qu'il faut noter à travers ce cas, c'est que, même dans des situations prévisibles, des décisions se prennent, ne considérant pas la nature humaine ou autrui. Ce qui importe, c'est la rentabilité, la profitabilité dans un temps le plus court possible. Les situations concurrentielles de plus en plus virulentes poussent l'innovateur – ou le décideur – au lancement de l'innovation, et ce dans un délai de plus en plus court. Tous veulent sortir la dernière innovation pour « bloquer » une position concurrentielle. Cela n'est pas sans conséquence et la première est le risque plus grand d'un échec de l'innovation et, surtout, un mépris de l'impact de l'innovation, y compris quand celle-ci implique ses propres clients – des êtres humains. C'est donc bien l'enjeu de ce deuxième axe, comprendre, accepter et donc anticiper les comportements de tel ou tel produit ou service à plus ou moins long terme, que ce soit sur la santé de l'utilisateur, comme sur son mode de vie. Comprendre qu'en tant qu'entreprise innovante, il faut se demander : quelles incidences sur les clients, les consommateurs de mes cigarettes, de mon alcool. Mais aussi les incidences des ondes sur les clients de mon nouveau téléphone portable, de mon réseau ou mes lignes à très hautes tension. C'est aussi s'enquérir des impacts de possibles surendettements pour les institutions financières, d'exploitation de sa vie privée par les sites Internet, etc. Là aussi, il s'agit d'aborder ces questions avec une certaine maturité et de savoir dépasser les simples cadres, les simples limites économiques court-termistes de l'entreprise.

LES IMPACTS DES INNOVATIONS SUR LA CITÉ

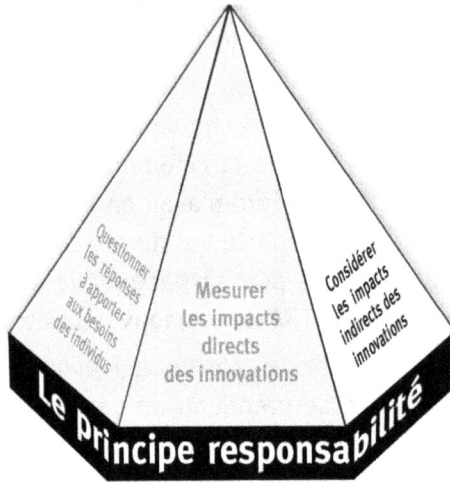

Le troisième et dernier axe concerne la nécessité de considérer qu'une innovation a des impacts dépassant le cadre d'où elle a émergé. C'est, autrement dit, intégrer que nous interagissons tous les uns avec les autres consciemment ou inconsciemment. Autant, dans l'axe précédent, les impacts concernaient les clients, les utilisateurs de l'innovation, autant, ici, il s'agit de considérer que le lancement d'une innovation peut certes avoir un impact sur ces clients, mais que cela peut également avoir un impact sur les non-clients. Ce degré de responsabilité nécessite une certaine maturité : être capable de rendre des comptes à quelqu'un qui semble hors du champ de ses actes. C'est tout le débat qui eut lieu autour du tabagisme dans un lieu public. Ce que je fais n'a pas que des conséquences sur moi, mais aussi sur mon entourage sans que je le veuille. C'est donc comprendre également le sens de la liberté. Imposer sa liberté de fumer n'est pas comprendre ce que signifie la liberté.

Or, si nous arrivons aisément à saisir l'aspect néfaste de la cigarette sur autrui, il n'est pas simple d'être dans la même configuration pour une innovation en cours de développement ou qui n'a pas encore atteint une certaine maturité. Et si l'anticipation est un élément clé, il n'est pas du tout évident que celle-ci soit possible de façon complète et exhaustive. En effet, l'innovation du scientifique comme celle du responsable marketing peuvent induire une porosité sectorielle inconnue à ses débuts. C'est-à-dire qu'une innovation dans un secteur donné peut avoir une incidence sur d'autres secteurs.

Ainsi, le lancement d'un nouvel avion, plus rapide, plus puissant, dégageant des nuisances sonores importantes n'a pas à estimer les conséquences uniquement sur le personnel de bord, le personnel au sol et les clients. Les nuisances touchent également les riverains et tout l'écosystème autour des aéroports, ainsi que le Grenelle de l'environnement l'a souligné en évoquant des mesures à prendre[1]. Même chose lorsque l'on vend un véhicule climatisé qui consommera en moyenne 15 % de plus qu'un véhicule non doté de cette option[2]. L'émission de CO_2 n'impactera pas que le conducteur du véhicule, mais aussi l'individu sur sa bicyclette.

■ SITUATIONS INNOVATION-RESPONSABLE

Les trois axes que nous venons de souligner sont ceux qui conduisent à la compréhension opérationnelle de l'innovation-responsable. Ils sont destinés à questionner la responsabilité de l'innovateur tant dans sa démarche en amont que dans sa mise en œuvre. Nous proposons, à travers deux exemples d'innovation, de comprendre plus en détail les mécanismes qui s'orchestrent autour de ces trois axes.

LE CAS DE LA CLIMATISATION

Questionner les réponses à apporter aux besoins

Le procédé de la climatisation consiste à modifier, contrôler et réguler les conditions climatiques (température, humidité, niveau de poussières, etc.) d'un local pour des raisons de confort (bureaux, maisons individuelles) ou pour des raisons techniques (laboratoires médicaux, locaux de fabrication de composants électroniques, blocs opératoires, salles informatiques).

Ainsi la climatisation « grand public » en voiture répond à un besoin du client clairement identifié : l'utilisateur d'un véhicule souhaite conduire

---

1. http://www.legrenelle-environnement.fr/Convention-avec-les-acteurs-du.html Notons d'ailleurs que les mesures cherchant à réduire les nuisances sonores des riverains pour leur bien-être accroissent dans le même temps la consommation de kérosène des avions.

2. Laurent Gagnepain, « La climatisation automobile – Impacts consommation et pollution » in *Repères* publié par l'Agence de l'environnement et de la maîtrise de l'énergie – département Technologies des transports, 2006.

le plus confortablement possible quand, par exemple, la température extérieure est élevée. Rappelons l'histoire de cette invention. En 1884[1], un Anglais a l'idée de placer sur son attelage, entre ses deux chevaux, une caisse contenant de la glace. À l'aide d'un ventilateur qui fonctionne avec les roues, il dirige l'air froid – qui en fait sont des brisures de glace – vers la diligence.

L'invention passe au stade de l'innovation dès lors qu'elle trouve un marché, dès lors qu'elle réussit à répondre à un nombre significatif de clients. Ainsi, en 1939, Cadillac met au point une climatisation en série à l'intérieur des véhicules[2]. Peu pratique à ses débuts – l'évaporateur occupe tout le siège arrière –, le système se modernise en 1953[3]. Il fonctionne avec un compresseur frigorifique entraîné par le moteur et l'évaporateur ; système analogue à celui des réfrigérateurs domestiques. Il est alors placé à l'arrière du véhicule entre le siège et le coffre à bagages. En 1957, Cadillac met au point un système d'aération et de ventilation à l'abri des courants d'air[4].

L'incapacité à prévoir les conséquences directes des innovations

Il est évident qu'aucune considération sur l'impact de la mise en œuvre de cette innovation n'est alors abordée. La connaissance scientifique notamment sur les impacts environnementaux, les rejets de CO_2, en est à peine à ses balbutiements... Et tout naturellement personne ne se pose ces questions. D'autant plus que, dans les années 1950, aux États-Unis, la société est uniquement portée sur le progrès, l'innovation, le confort, la conquête de nouveaux marchés, etc.

À ses débuts, l'installation de la climatisation dans les véhicules est timide car très coûteuse. Toutefois, à partir de la fin des années 1980, l'installation se généralise, et aujourd'hui rares sont les voitures neuves qui sortent des usines sans cet équipement. La climatisation devient de série au même titre qu'une boîte de vitesses. Or, il faut noter que chaque véhicule équipé d'air conditionné génère 15 % de plus d'émission de CO_2 qu'un véhicule qui ne l'est pas[5]. Les

---

1. http://www.arehn.asso.fr/dossiers/clim/climatisation.html
2. *Ibid.*
3. *Ibid.*
4. *Ibid.*
5. Laurent Gagnepain, « La climatisation automobile – Impacts consommation et pollution », *op. cit.*

statistiques[1] prévoient plus 39 % d'émissions d'ici à 2030, essentiellement générées par les voitures. L'impact est considérable sur l'environnement et nos modes de vie, sur l'ensemble des citoyens, sur le quotidien[2]. Les risques tant pour la santé que pour l'environnement sont connus et identifiés.

Pour la santé :

- les systèmes de climatisation sont accusés de produire des eaux où peuvent se développer des organismes pathogènes, comme la légionellose, une maladie infectieuse due à une bactérie qui se développe dans les réseaux d'eau douce naturels ou artificiels et dans un milieu organique favorable à leur développement (stations thermales, climatiseurs, etc.) ;
- l'injection de désinfectants dans ces systèmes de climatisation peut poser des problèmes de santé, notamment l'apparition de pathogènes chlororésistants ;
- l'ensemble des systèmes de climatisation comporte des filtres qui nécessitent un nettoyage régulier, un changement périodique ;
- par définition, la climatisation ne peut s'envisager que dans un espace fermé où finalement divers polluants, contaminants se concentrent. D'ailleurs, à propos de la transmission des virus entre différents locaux par les systèmes de climatisation, l'Agence française de sécurité sanitaire de l'environnement et du travail (Afsset) estime que « dans les bâtiments équipés d'une ventilation avec recyclage de l'air (climatisation dans les immeubles de bureaux ou les bâtiments accueillant du public comme les supermarchés) le risque ne peut être exclu mais il reste difficile à évaluer car il dépend de nombreux facteurs non connus (virulence de la souche de virus, cheminement de l'air dans les pièces et les systèmes de ventilation, etc.)[3] ».

Pour l'environnement :

- la climatisation énergétique est telle que, par exemple, la consommation électrique pendant l'été dépasse en France celle de l'hiver.

---

1. Sources : History : Energy Information Administration (EIA), *International Energy Annual 2006* (June-December 2008), web site www.eia.doe.gov/iea. Projections : EIA, World Energy Projections Plus (2009).
2. www.arehn.asso.fr/dossiers/clim/climatisation.html
3. Recommandation de l'Afsset pour les entreprises, 11 juin 2009.

Et ce, notamment depuis la canicule de 2003, qui a suscité l'engouement pour ce type d'équipement. Cela est paradoxal puisque le parc énergétique (essentiellement nucléaire) ne peut fournir toute l'énergie, car il devait fonctionner à régime réduit en raison... des difficultés de réfrigération[1] ;

- la climatisation fait appel à des dispositifs frigorigènes utilisant des gaz à effet de serre (notamment HFC dont le pouvoir en termes d'effet de serre est 2 000 fois supérieur à celui du CO_2), dont une partie est rejetée dans l'atmosphère, en raison d'accidents, d'une mauvaise gestion de la fin de vie du matériel. De plus, de très nombreux climatiseurs fuient. Les ruptures de circuit de climatisation de maisons, d'hôtels et de lieux publics sont très fréquentes, notamment dans les pays très chauds en raison des chocs thermiques ;
- il n'existe pas de circuit permettant la récupération, le recyclage des gaz dans les appareils et véhicules en fin de vie.

Cet exemple souligne particulièrement bien les trois axes que nous évoquions :

- une demande consommateurs pour la climatisation ;
- une incapacité, à ses débuts, à en connaître les conséquences ;
- l'impact n'est pas que sur les conducteurs automobiles, mais bien sur l'ensemble de la société. Il y a bien une porosité sectorielle dans la mesure où toute la société est touchée.

Or la question qui se pose est : quel constructeur automobile proposerait un véhicule sans climatisation ? Mais aussi qui l'achèterait ? Bien au contraire, nous avons vu fleurir, alors que nous avions conscience des inconvénients, un nombre considérable de promotions incitant, pour quelques euros de plus, à s'équiper de ladite option lors de l'achat d'un véhicule neuf. Sans compter qu'aujourd'hui l'installation de cet équipement se fait de série.

C'est en ces termes que l'innovation-responsable émerge, ce sont aussi des comportements et des attitudes. En ce qui concerne l'automobile, c'est, avant tout, un moyen de transport initialement fait pour aller où

---

1. « Les centrales nucléaires doivent s'adapter aux canicules », dixit www.notre-planete. info.

l'on veut et quand on le veut. Cet *insight* consommateur, dont les fondements semblent tout à fait légitimes – nécessité, plaisir, obligation –, a évolué et finit par être détourné de son premier objectif : n'être qu'un moyen de transport. George Friedmann dénonce d'ailleurs ces « nations sur routes[1] », dénonçant à la fois une forme de « surusage » des véhicules par manque de courage, par égoïsme, par confort, par évitement d'autrui. De plus, la prolifération de « contenu » dans l'automobile dont les fins ne semblent ni absolument indispensables ni fonctionnelles – que ce soit le siège chauffant de certaines berlines ou la sixième vitesse, dont la puissance inhérente à cette disposition relève de l'absurde tant il est interdit de dépasser certaines limitations – accélère cette situation. Dans le même temps, l'ABS ou l'*airbag* sont, quant à eux, des innovations fondamentales.

LE CAS FACEBOOK

La responsabilité de l'innovateur, qu'il soit dédié à cette mission, qu'il soit homme de marketing ou dépendant d'un service stratégique se pose tant dans l'industrie que dans l'économie de services. Cela est d'autant plus important à l'heure des nouvelles technologies de l'information et de la communication. Ainsi, le réseau social Facebook est particulièrement concerné par les questions de responsabilité qui ont émergé lors de son fulgurant développement. Reprenons les axes qui nous conduisent à la caractérisation de la responsabilité dans l'innovation.

Le besoin des individus d'interagir en réseau

Facebook n'est initialement « que » la création d'un étudiant de Harvard qui, dans sa chambre, cherchait à faire perdurer ses relations universitaires, besoin ressenti par la communauté à laquelle il appartenait puisque, en deux semaines, les deux tiers de l'école sont connectés sur le réseau. Le besoin de se voir, de se montrer, d'échanger, de partager, etc. fait qu'en moins de trois mois plus de trente universités américaines sont connectées au réseau créé par Mark Zuckerberg[2].

---

1. Georges Friedmann, *La puissance et la Sagesse*, Gallimard, « Tel », 1970, p. 55.
2. facebook.typepad.com/faceblog/histoire_de_facebook.

L'incapacité à anticiper l'ensemble des impacts

Les limites de l'innovation sont évoquées dès le lancement par ses détracteurs. D'une part, il y a une possible exploitation de données privées à des fins commerciales. D'autre part, il y a le risque d'intrusion dans la vie privée compte tenu de la multiplicité des questions personnelles sur les religions, les opinions politiques, les préférences sexuelles, etc. Sans compter l'exploitation des différentes publications sur les « murs » dans le but de nuire à autrui, comme le cas est apparu plusieurs fois entre collègues de travail, par exemple.

Si Facebook peut vendre des données issues de son réseau à des fins publicitaires, commercialiser des espaces ciblés en fonction de ce que les connectés confient sur la plateforme, etc., ces risques sont à la fois maîtrisables et peuvent être anticipés. Autrement dit, le patron de Facebook peut gérer de façon plus ou moins responsable cette gigantesque base de données. La responsabilité est alors connue et identifiée. Cependant, le problème que pose l'innovation-responsable dans le cadre de Facebook dépasse ces aspects. Ce qui est responsable, c'est de se prémunir contre l'incertain. Dès lors, quels sont les risques de la possession d'une base de données de près d'un milliard de connectés dans une entreprise privée ? Si nous ne les connaissons pas aujourd'hui, il ne s'agit pas pour autant d'ignorer la situation, mais au contraire d'imaginer des hypothèses permettant de les prévenir. Quels sont les risques d'avoir une base de données en un seul lieu, régie par un organe privé ?

En nous inscrivant à Facebook, nous nous exposons à des risques difficilement estimables, car tout simplement nous ne connaissons pas les utilisations possibles de l'usurpation et de l'exploitation de l'identité ? Les fondateurs eux-mêmes n'en ont probablement pas idée. Souvenons-nous à quoi ont servi certains registres, notamment scolaires, pendant la Seconde Guerre mondiale pour mesurer à quel point il existe des risques considérables à laisser échapper son identité, ses informations intimes, à les rassembler dans un même lieu. Souvenons-nous, toujours à cette même période, de l'utilisation de machines IBM permettant aux collaborateurs du IIIe Reich d'effectuer des recensements particulièrement efficaces, à partir de données ethniques et religieuses[1].

---

1. Lire Edwin Black, *IBM and Holocaust*, Little Brown, 2001.

Si, toutefois, les risques ne se mesurent pas nécessairement au début d'une innovation, on ne mesure pas non plus l'ensemble des opportunités. Suite à l'élection présidentielle iranienne de juin 2009, de nombreux électeurs sont descendus dans les rues pour laisser exploser leur colère à la suite de la défaite de leur candidat Mir Hossein Moussavi et protester vigoureusement contre des fraudes qui auraient entaché le scrutin. Alors que d'aucuns considèrent que ces protestations sont les plus importantes depuis la révolution iranienne de 1979, le pouvoir en place cherche à reprendre la main en verrouillant au maximum les médias, notamment étrangers. Ainsi, le peuple iranien est privé de communications mobiles et d'accès aux sources d'information internationales. Pour remédier à ce problème, Facebook et Google ont annoncé simultanément le lancement d'un service de traduction vers et depuis le persan afin de faciliter la communication entre les Iraniens et le reste du monde. Ainsi, dès le lendemain de l'élection du 12 juin 2009, les partisans de Moussavi admettent s'être beaucoup servis du site communautaire durant la campagne électorale pour promouvoir leurs idées[1]. Cela n'est qu'un exemple parmi de très nombreux autres (révolutions du « Printemps arabe 2011 ») qui, grâce à Facebook, ont pu se développer, se structurer rapidement en contre-pouvoir.

LES CAS FAISMESDEVOIRS.COM ET NOTE2BE.COM

Début 2009 est annoncé, avec de lourds moyens de communication, le lancement du site Internet Faismesdevoirs.com. Le slogan est sans ambiguïté : « Si tu n'y arrives pas, nous sommes là ». Surfant sur la vague des cours privés particuliers ou collectifs, ce nouveau concept va « plus loin » et propose aux élèves de faire faire leurs exercices par des étudiants. De la sixième à la terminale, les élèves peuvent passer commande parmi les matières générales pour une livraison par e-mail entre 24 et 72 heures selon la difficulté. De la simple résolution d'exercices à la réalisation complète d'un exposé – pour 30 euros –, l'élève reçoit un devoir réalisé par un étudiant, un enseignant, un spécialiste de la matière. Le jour de l'ouverture du site, en moins de trois heures, plus de 80 000 connexions sont enregistrées avec des

---

1. http://www.numerama.com/magazine/13220-Google-et-Facebook-se-mettent-a-l-heure-iranienne-un-peu-tard.html

centaines de premières demandes[1]. L'idée semble rapidement se muer en une innovation générant de la valeur. Toutefois, qui s'interroge sur la responsabilité de lancer un tel site ? La vague de pétitions appelant à la fermeture de cette offre ne se fait pas attendre, et, devant la masse de protestations, le fondateur du site annonce, le soir même du lancement, l'arrêt de Faismesdevoirs.com et précise que les personnes ayant déjà passé commande seront remboursées. Le créateur présente ses excuses et reconnaît que, finalement, ce site allait à l'encontre des valeurs qu'il souhaitait promouvoir[2].

Cette position n'a pas été celle du fondateur du site Note2be.com, un an plus tôt. S'inspirant ici du rapport de la « commission Attali[3] », la proposition est de faire en sorte que les élèves puissent « noter » leurs professeurs. Sans s'interroger des conséquences éventuelles sur l'enseignement d'un tel outil, sans réaliser l'impact sur les individus, mais aussi sans précision sur les critères d'évaluation de ce qu'est ou doit être un « bon » enseignant – un des critères concerne la « disponibilité » –, le site est néanmoins lancé en mars 2008. En très peu de temps, les fondateurs revendiquent près de 165 000 inscrits[4] ! Deux semaines plus tard, un syndicat d'enseignants, appuyé également par la Cnil, obtient par référé l'arrêt du site. Le tribunal a ordonné que soient suspendus la collecte et le traitement des données nominatives, obligeant ainsi les créateurs du site à suspendre leur activité. De versions édulcorées en arguments juridiques, en passant par l'évocation au droit à l'expression, le site tente néanmoins de continuer son existence controversée.

Ces deux sites Internet, Faismesdevoirs.com et Note2be.com, sont tous deux confrontés à l'innovation possible, débridée, sans aucun regard sur les effets et les conséquences de leurs propositions. Ce que rend possible Internet est quasiment sans limite. Est-ce pour autant nécessaire d'exploiter toutes ses capacités, y compris les plus malsaines : réduire la connaissance à l'obtention d'une note correcte, juger son enseignant au nom d'un droit d'expression ? Les deux

---

1. *Libération* du 7 mars 2009, « Faismesdevoirs.com ferme déjà ses pages », *op. cit.*

2. http://faismesdevoirs.com/

3. *Rapport de la Commission pour la libération de la croissance française*, sous la présidence de Jacques Attali, XO Éditions, La Documentation française, 2008.

4. www.note2be.com

fondateurs ont comme argument la puissante réception de leur idée, le fait d'avoir des demandes, des inscrits, des adhérents, des abonnés. Cela est juste, mais faut-il répondre à toutes les demandes ? Voilà ce qu'interpelle l'innovation-responsable et notamment son premier axe : faut-il toujours répondre aux besoins des individus ? Les deux fondateurs, par ailleurs diplômés de grandes écoles, n'avaient certainement pas de mauvaises intentions. Se faire aider pour un exercice est extrêmement formateur. Évaluer un enseignant permet de le faire progresser dans sa pédagogie. Simplement, les deux créateurs n'ont pas anticipé ou n'ont pas voulu anticiper les risques que cela pouvait entraîner. Nous retrouvons ici le deuxième axe de l'innovation-responsable. Enfin, l'impact sur la société n'est pas nul. Quelles réactions doivent avoir les parents vis-à-vis de ces offres ? Quel est le rôle de la formation des enseignants face à de nouveaux comportements ? Comment définir l'autorité de la pédagogie et du savoir avec l'émergence de tels contre-pouvoirs ?

■ CONSTRUCTION ET DÉCONSTRUCTION DU PROCESSUS DE L'INNOVATION

Ainsi, en quoi le marketing, la science, l'innovation peuvent-ils se sentir finalement au-dessus du bien commun – consciemment ou inconsciemment – selon l'enchaînement suivant :

- la cité/les citoyens sont scrutés par des études afin de détecter les besoins émis par les clients et prospects ;
- les besoins de consommateurs sont alors traduits par le marketing. Les structures d'innovation, de R&D sont briefées pour chercher des réponses aux besoins. Une réponse est formulée et prête à être mise sur le marché ;
- de nouveau les citoyens sont concernés, cette fois en tant qu'acheteurs potentiels.

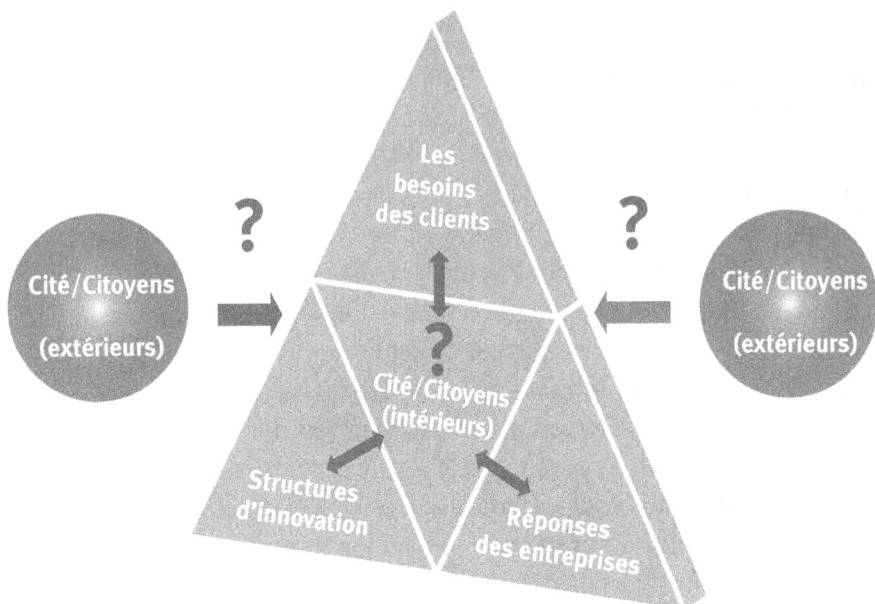

Ce séquencement de l'innovation s'effectue sans que les enjeux sociétaux ne soient réellement discutés, pris en compte ou intégrés en amont ou pendant le processus. L'innovateur – mais aussi le citoyen – se retranche derrière des murs. Il s'agit donc de les faire tomber pour une meilleure compréhension des enjeux de l'innovation. Tant pour celui qui la réclame que pour celui qui la met en œuvre. Une innovation-responsable doit d'abord comprendre les porosités entreprise/citoyen car il s'opère aujourd'hui une relation dominant/dominé entre entreprise/citoyen, sachant que l'un devient l'autre à tour de rôle. Cette relation malsaine de pouvoir provoque des réactions « anti-entreprises », « anti-marques » d'un côté et de l'autre des velléités de contrôler les besoins, les achats, les consommations.

Il semble complexe d'imaginer dans nos sociétés la fin de la prolifération des voitures. Seule une relation constructive État/citoyen/entreprise peut inciter à l'aménagement du développement des véhicules, du transport en général, en innovant et en proposant de nouveaux comportements, c'est par exemple tout l'enjeu et le succès du Vélib'.

En ce qui concerne la climatisation, par exemple, il aurait pu être décidé l'arrêt de la commercialisation de cette option dès lors que l'on s'aperçoit des nuisances qu'elle provoque. Une analyse suivie du *chasm* pendant la phase de développement aurait montré que l'explosion de cette consommation doit être contrôlée. On peut cependant réserver la climatisation aux véhicules d'urgence, aux ambulances ou même aux grands voyageurs, comme les routiers dont le confort dépend de la qualité de leur travail, etc.

Dans le même temps, l'innovation peut tout à fait engendrer de la responsabilité. Une climatisation au gaz pourrait souvent être remplacée par une climatisation mécanique. Dès leur conception, les bâtiments, par exemple, devraient intégrer des dispositifs répondant à des critères écologiques : murs épais à inertie thermique élevée, puits provençal, etc. Par ailleurs, la climatisation peut être suppléée par de nombreuses techniques comme la bioclimatisation, le refroidissement adiabatique ou encore la climatisation écologique. Ces systèmes fonctionnent sans gaz réfrigérants, en se basant uniquement sur l'évaporation de l'eau. En conséquence de quoi la réduction des consommations électriques est forte, l'air est plus sain car renouvelé continuellement.

Seule une porosité citoyen/structure d'innovation peut permettre qu'il n'y ait pas de domination de l'un sur l'autre. Si les enjeux étaient communiqués clairement et régulièrement aux citoyens, ceux-ci seraient certainement prêts à s'investir dans les débats. Reste à convaincre les entreprises et les innovateurs d'ouvrir leurs portes afin qu'ils puissent recueillir des enseignements qui leur permettraient d'accroître leurs performances. Car il s'agit bien d'avouer que seule la notion de « performance » est véritablement sensible aux oreilles des managers. Et tout l'enjeu de notre prochain chapitre sera de souligner cet aspect : en quoi l'innovation-responsable est-elle source de performances ?

3

Innovation-responsable et performance

*« De nos jours on ne va plus à l'asile,
on fonde le cubisme. »*

Pablo Picasso

Souligner l'importance de la responsabilité dans les stratégies d'innovation est une chose, prouver qu'elle offre un avantage concurrentiel en termes de création de valeur en est une autre... Et c'est pourtant bien ce qui séduit et est susceptible de convaincre les entreprises. Défendre une position « responsable » à l'endroit de l'innovation, comme défendre une position de développement durable dans la sphère économique d'un État ou d'une entreprise n'est en soi pas complexe. Il n'y a pas d'opposants, il n'y a pas de contradicteurs, il n'y a rien qui puisse véritablement nuire à la volonté de tels projets. De plus, le contexte actuel aidant, chacun a nécessairement son petit discours sur le sujet. Qui n'est pas « responsable » aujourd'hui, ne serait-ce qu'à travers quelques lignes du rapport d'activité annuel ? Quelle entreprise n'a pas, ne serait-ce qu'un entrefilet, de propos sur le développement durable dans ses plaquettes de présentation ? Il est devenu un discours nécessaire voire convenu. Aujourd'hui, on se doit « d'être responsable ». De gré ou de force, il faut avoir un discours « responsable ». Depuis la récente crise financière tout est devenu « responsable »... Les publicités regorgent du terme : des offres de crédit « responsables », des voitures « responsables », l'énergie nucléaire est désormais « responsable », les mutuelles sont « responsables », les yaourts sont « responsables », etc. Le message est bien passé auprès des communicants : il faut être « responsable ».

À l'évidence, peu de ces offres recouvrent une dimension réellement responsable. Il s'agit d'apparats de responsabilité destinés à être dans le ton du moment. La question qui sous-tend cela est : pourquoi ne sommes-nous pas responsables ? Pourquoi les entreprises, les managers développent des communications à la place de développer de réelles propositions responsables ? C'est que les préjugés ont la vie dure et, à la question « qu'est-ce qui rapporte ? », rarement « être responsable » est entendu en tant que réponse. Rarement, la « responsabilité » est proposée comme une solution au développement et à la croissance de l'entreprise. Responsabilité, développement durable, ainsi que d'autres notions de ce genre sont appréhendés comme un frein à la croissance, comme un obstacle, comme une gêne au développement de la performance de l'entreprise. Et c'est en partie vrai puisque toutes ces dimensions ont été jusqu'alors perçues comme des sources de coût (recyclage, conformité aux législations) ou comme des obstacles (validation par des organismes d'une mise sur le marché, etc.).

Ce point est peut-être le plus important de notre propos : comment convaincre une entreprise, un manager, un dirigeant d'implémenter la responsabilité lors de processus d'innovation si, dans le même temps, celle-ci est lue, vue, comprise tel un obstacle ? Une seule réponse est vraiment possible : la performance induite. Car, pour être tout à fait clair, ce n'est pas une prise de conscience qui peut faire changer les choses. Si cela est possible chez certains managers, ce n'est pas suffisant tout simplement parce que le manager a des enjeux qui ne sont pas du tout les mêmes que ceux de la responsabilité dans sa compréhension. Le manager a face à lui des actionnaires, des banques, des salariés, des performances, des concurrents, du court terme, etc. La responsabilité lui envoie un message : long terme, citoyen, coût, anticipation, etc.

La seule notion qui puisse être entendue par le manager est celle de la performance. Si intégrer la responsabilité quelle que soit sa forme est source de performances, alors tout dirigeant ouvrira activement ses oreilles, sa conscience, son agenda, ses réunions, etc. Tel est l'enjeu de ce chapitre. Se battre contre les idées reçues et montrer que la responsabilité peut être clairement source d'innovation, d'amélioration de performances, de compétitivité.

Michael Porter est dans cette optique lorsqu'il avance que la responsabilité sociale de l'entreprise est devenue « une religion avec ses prêtres, et pour laquelle il n'y aurait plus besoin ni de faits ni de théories. Trop de professeurs et de managers se satisfont de l'argument selon lequel "on sent que c'est bien". Trop d'actions philanthropiques sont dirigées par les croyances personnelles des dirigeants. Et presque toute la philanthropie d'entreprise est focalisée sur le renforcement de la marque et la construction d'une réputation de bon citoyen. Je suis en désaccord complet avec cette approche. [...] Je voudrais que les entreprises réagissent à des pressions au lieu de développer des stratégies affirmatives[1] ». Pour Porter, la responsabilité sociale ne peut être effective que dans l'optique d'une étude « coût-bénéfice » pour l'entreprise. L'investissement dans la responsabilité doit avoir les mêmes caractéristiques, parler le même langage que n'importe quel autre, sans quoi, toujours selon Porter, les dirigeants n'y prêteront jamais une véritable attention. Il s'agit de se méfier de ces « prêtres » de la RSE par exemple, qui dispensent un discours sophiste de bons sentiments, mais qui ne sera jamais suivi d'effet auprès des stratégies d'entreprises dès lors que les enjeux des uns ne sont pas compris par les autres.

Nous allons donc voir quelles méthodes, actions, stratégies permettent à la fois de mêler responsabilité et performance économique.

■ APPLIQUER L'INNOVATION DISRUPTIVE AU SECTEUR SOCIAL

Nous allons commencer par un premier propos qui relève plus de l'innovation sociale que responsable au sens où nous l'entendons, mais qui est majeur parce qu'il montre l'articulation entre performance, rentabilité et responsabilité. Qu'il n'y a pas à opposer responsabilité sociale dans ce cas, et bénéfices. De plus, à travers trois exemples, nous pourrons souligner que l'innovation n'est pas forcément issue de la technologie ou d'une surenchère face à des offres existantes. Il s'agit avant tout de répondre à un besoin non adressé ou mal adressé.

---

1. Michael Porter, Interview avec Michael Porter « CSR a religion with too many priests ? » *European Business Forum*, 2003. Traduction par Aurélien Acquier, Jean-Pascal Gond et Jacques Igalens in « La religion dans les affaires : la RSE », *op. cit.*

Innovation \ Model catalytic	Réduire et se reproduire : faire moins mais mieux	Répondre à un besoin qui jusqu'à présent est soit très « mal répondu » (la solution est trop complexe), soit pas assez servi	Offrir un service plus simple, moins cher, plus abordable	Créer des ressources financière, humaine et partageable	Comprendre que ces besoins sont souvent ignorés, découragés par les acteurs en place
Investir dans l'assurance santé		✕	✕	✕	✕
Investir dans l'éducation	✕		✕	✕	
Investir dans les développements économiques		✕	✕	✕	

LES FONDEMENTS DU *MODEL CATALYTIC*

L'innovation de rupture, *disruptive innovation,* à la différence de l'innovation incrémentale, vient bouleverser un marché, une position par une radicalité de proposition. Celle-ci s'opère par l'offre, le produit directement ou par l'exploitation d'un marché jusqu'alors non adressé. Le modèle *catalytic innovation* de Christensen est dans cette optique d'une innovation *disruptive* et souligne les bénéfices des acteurs qui viennent d'en dehors des règles du jeu établies. La *catalytic innovation* se différencie de la *disruptive innovation* par son implication particulière dans le secteur social (santé, éducation, formation, etc.).

Les cinq piliers fondamentaux qui constituent les fondements du *model catalytic* sont :

- réduire et se reproduire : faire moins mais mieux ;
- répondre à un besoin auquel il a été très « mal répondu » (la solution est trop complexe) ;
- offrir un service plus simple, moins cher, plus abordable ;
- créer des ressources financière, humaine et partageable ;
- comprendre que ces besoins sont souvent ignorés par les acteurs en place.

Investir dans l'assurance santé

L'organisation Freelancers Union[1] a élaboré une offre radicalement innovante, appelée *low cost health insurance*, ainsi que d'autres services pour les travailleurs indépendants, les employés à temps partiel, les salariés aux contrats précaires à New York, qui ne sont pas en mesure de cotiser à une assurance santé. Cette organisation propose des assurances à des prix de 30 à 40 % moins cher que les plans d'assurances individuels et qui tient à la pertinence et à la précision de l'offre. En effet, les analyses actuarielles ont démontré que ces travailleurs étaient finalement très peu sujets à des risques et que leurs besoins étaient très précis. En conséquence, il a été possible de proposer une offre sur mesure pour cette catégorie de personnes et, dès lors, d'avoir un prix particulièrement ajusté. L'avantage concurrentiel développé par Freelancers Union est significatif car les concurrents ne sont pas en mesure de s'aligner ; la multiplication de l'offre n'aurait ici aucun sens et une seule proposition est possible pour ces catégories d'individus.

Investir dans l'éducation

Le développement de la langue anglaise dans le monde, sa globalisation ont pour conséquence directe la perte de l'apprentissage de nombreuses autres langues dans les écoles. En effet, le coût de recrutement d'enseignants de langues de moins en moins demandées par les étudiants devient trop élevé à supporter par les écoles. Or, au lieu de stopper l'enseignement et, de fait, la connaissance de la langue, l'organisation Online Classes a développé sur Internet l'apprentissage des langues en ayant pour caractéristique de l'établir de façon internationale. Ce site fédère aujourd'hui 40 000 étudiants dans 37 États

---

1. www.freelancersunion.org.

d'Amérique du Nord. Les élèves, particulièrement motivés, sont assidus aux cours, car ils se sentent garants de la promotion, du développement et de la conservation.

Investir dans les développements économiques

Le système de santé au Kenya est à la fois très hiérarchique, complexe et urbain. Ainsi, 80 % des praticiens vivent en ville alors que 70 % de la population habite dans des zones rurales. Cette situation rend forcément complexe l'accès aux soins et c'est pourquoi HealthStore Foundation[1] a formé des résidents aux soins basiques. En transmettant les connaissances fondamentales et en fournissant du matériel basique, la fondation a permis d'étendre l'accès aux soins au plus grand nombre et également d'abaisser le coût moyen de la consultation de 3 dollars à 50 cents par visite.

Intégrer la responsabilité : source d'innovation et de performance[2]

Le rapport entre responsabilité et compétitivité est intéressant à regarder à travers une étude portant sur 95 entreprises européennes. En effet, cette étude montre qu'une stratégie de responsabilité sociale au sens large, de responsabilité dans l'innovation est à la fois un facteur de compétitivité et un facteur de profit.

LES MESURES DE L'INNOVATION-RESPONSABLE

L'ensemble des entreprises de l'étude figure au Dow Jones Sustainable Index. Toutes les entreprises ne peuvent prétendre à être évaluées par cet indice boursier, car elles doivent en effet répondre à un certain nombre de critères spécifiques (ci-contre). Notons que cette énumération de critères n'est pas sans intérêt pour qui cherche à implémenter une politique responsable dans son organisation.

---

1. www.cfwshops.org.
2. Basé sur l'article « The opinion of European Companies on Corporate Social Responsibiliy and its relation to innovation », V. Lopez-Perez, C. Perez-Lopez, L. Rodriguez-Ariza, *Issues in Social and Environmental Accounting*, vol. 1, n° 2, décembre 2007.

Dimension	Critères	Pondération (%)	Sous-critères
Économique	Gouvernement de l'entreprise	6	Structure : taille du conseil Structure du conseil Président non exécutif/ directeur principal Responsabilités et comités Politique de gouvernance de transparence de l'entreprise Les conflits d'intérêt de l'auditeur externe Diversité : genre L'efficacité du conseil Dispositions enracinement Transparence de la haute direction Rémunération MSA : gouvernement de l'entreprise (MSA : analyse des médias et parties prenantes (voir chapitre 4))
	Management des risques et crises	6	Management des responsabilités et des risques et crises Analyse des risques uniformes Définition du risque Plan du risque Analyse de la sensibilité et essai du stress Stratégie des réponses aux risques MSA : management des risques et crises
	Codes de conduite/ conformité/ corruption	5,5	Codes de conduite : concentrer Codes de conduite : système/procédure Pratique de corruption : possibilité et relations d'affaires Violation des codes de conduite : reportage public MSA : codes de conduite/conformité/ corruption
	Critères spécifiques des industries	Dépendant de l'industrie	Management de la marque. Management de la relation client. Management du supply-chain. Pratiques du marketing. Innovation et R&D. Énergie renouvelable, etc. MSA : critères spécifiques de l'industrie sélectionnée

.../...

…/…

Dimension	Critères	Pondération (%)	Sous-critères
Environnement	Performance environnementale (Efficacité écologique)	7	Indicateur clé de performance (KPI) - Énergie KPI-GHG KPI-Déchets KPI- De l'eau Couverture
	Reportage sur l'environnement	3	Contenu : qualitatif (problème environnemental de matériel direct/ indirect) ; quantitatif (exemple : indicateur clé de performance, cibles) Assurance Couverture
	Critères spécifiques des industries	Dépendant de l'industrie	Systèmes du management environnemental Stratégie du climat, impacts de biodiversité Gestion des produits, etc. MSA : critères spécifiques de l'industrie sélectionnée
Sociale	Développement du capital humain	5,5	Compétences des ressources humaines Indicateur de la performance du capital humain Formation et développement personnel et organisationel
	Attraction et rétention des talents	5,5	Couverture des salariés par un processus prédéfini – évaluation du rendement Pourcentage de la rémunération liée aux performances Balance de la rémunération variable basée sur la performance de l'entreprise et de l'individuel Indicateurs d'entreprise pour rémunération liée au rendement Type d'évaluation individuelle des performances Communication de la performance individuelle à la haute direction Type de paiement des rémunérations totales liées au rendement Tendance de satisfaction des employés Avantages supplémentaires MSA : attraction et rétention des talents

…/…

.../...

Dimension	Critères	Pondération (%)	Sous-critères
Sociale (suite)	Indicateurs de pratique de travail	5	KPI & Reportages : diversité, discrimination KPI & Reportages : rémunération égale KPI & Reportages : liberté d'association KPI & Reportages : licenciement KPI & Reportages : HSE Résolution des griefs Engagement public MSA : indicateurs de pratique de travail
	Citoyenneté d'entreprise/ Philanthropie	3,5	Mesurer les résultats des contributions Philanthropie/volume d'investissement social
	Reportage social*	3	Contenu : qualitatif (exemple : sur matériel social, problèmes liés au travail) ; quantitatif (exemple : indicateurs clés de performance sur main-d'œuvre, fournisseurs, communauté) Assurance
	Critères spécifiques des industries	Dépendant de l'Industrie	Information du produit, qualité du produit et management de rappels, resourcing global, santé et sécurité, mode de vie sain, bioéthique, etc. MSA : critères spécifiques de l'industrie sélectionnée

* Critères évalués basés sur des informations disponibles au public.

L'étude émet alors cinq hypothèses pour analyser si oui ou non la responsabilité de ces entreprises du DJSI est un facteur de compétitivité, de profitabilité ou, au contraire, si le respect des différents critères est source de frein à la compétitivité et à la performance.

Les cinq hypothèses sont les suivantes :

- hypothèse 1 : les entreprises qui ont une démarche responsable ont un avantage plus important que les autres ;
- hypothèse 2 : une démarche responsable par les entreprises génère un effet positif sur les résultats ;
- hypothèse 3 : les entreprises qui ont une démarche responsable intègrent les aspects environnementaux dans leurs stratégies ;

- hypothèse 4 : les entreprises qui ont une démarche responsable génèrent des innovations plus incrémentales que radicales ;
- hypothèse 5 : la démarche de responsabilité influence la stratégie d'innovation.

Ces hypothèses furent alors testées à travers des interviews, des questionnaires, à l'occasion de rencontres auprès de deux catégories d'entreprises : celles faisant partie du DJSI et celles du Dow Jones Global Index (DJGI), c'est-à-dire les entreprises qui n'ont pas à se conformer aux critères de responsabilité définis dans le tableau. Ce point est à souligner puisque tout l'enjeu est justement de montrer les performances intégrant la responsabilité sur certains critères par rapport à celles qui ne s'en préoccupent pas explicitement.

Chaque questionnaire avait 27 items répartis en 3 thèmes différents :

- l'attitude de l'entreprise *vs* de la responsabilité (13 items) ;
- la stratégie d'innovation et ses pratiques (7 items) ;
- la relation entre responsabilité et innovation (7 items).

L'impact de la responsabilité[1]

Statistiques des résultats des questionnaires concernant la RSE

	Entreprises DJSI	Entreprises DJGI
1. La RSE est un sujet de préoccupation très important pour votre entreprise	4,73	2,85
2. Dans votre entreprise, la stratégie de RSE est un facteur clé pour créer des avantages concurrentiels	4,64	2,90
3. Dans votre entreprise, la stratégie de RSE vise à créer des opportunités futures d'affaires, telles que l'ouverture des secteurs de nouveaux marchés	3,91	2,85

.../...

---

1. Pour une lecture aisée, nous adaptons les tableaux de résultats de l'enquête. Les sources détaillées sont disponibles : « The opinion of European Companies on Corporate Social Responsibility and its relation to innovation », *op. cit.*

.../...

	Entreprises DJSI	Entreprises DJGI
4. Dans votre entreprise, l'importance de la stratégie de RSE a augmenté ces dernières années	4,64	3,38
5. L'entreprise suit une politique de transparence à l'égard de ses pratiques de RSE	4,91	3,38
6. L'édition du guide de la RSE a aidé à déterminer les aspects de la RSE qui sont divulgués par votre entreprise	4,82	3,23
7. L'adoption de la stratégie RSE consiste à prendre en considération les aspects environnementaux	4,82	2,77
8. La divulgation des pratiques de RSE dans votre entreprise est liée aux exigences des parties prenantes (investisseurs, institutions, clients, etc.) à cet égard	4,82	2,54
9. L'adoption de pratiques de RSE dans votre entreprise a un effet de valeur ajoutée pour les parties prenantes (bénéfices, rémunération, travail, environnement, qualité des produits, etc.)	4,82	2,77
10. La stratégie de RSE dépend ou est supervisée ou établie par le conseil d'administration	4,64	2,92
11. Les pratiques de RSE dans votre entreprise sont vérifiées/certifiées et/ou confirmées par des agences externes	4,73	2,31
12. L'adoption des pratiques de RSE dans votre entreprise a un effet positif sur les résultats dans l'entreprise à court terme (réduction des coûts, augmentation des ventes, etc.)	4,00	2,15
13. L'adoption des pratiques de RSE dans votre entreprise a un effet positif sur les résultats dans l'entreprise à long terme (nouveaux secteurs de marché, changement d'activité, etc.)	4,55	3,15

Ce que montre les premiers résultats en termes de responsabilité, c'est qu'à travers les items 2, 3 et 4, nous pouvons nous apercevoir que l'hypothèse 1 est validée, à savoir : avoir une démarche responsable permet d'avoir un avantage compétitif ; cela crée de nouvelles opportunités de croissance.

À travers les items 12 et 13, on voit que la responsabilité a un impact positif sur le résultat de l'entreprise à court et long terme ; ce qui valide l'hypothèse 2 à savoir : une démarche responsable par les entreprises génère un effet positif sur les résultats.

L'item 7 permet de valider l'hypothèse 3 à savoir que les entreprises responsables prennent volontairement en compte les considérations environnementales, comme les aspects légaux, financiers, etc.

L'impact de la responsabilité sur l'innovation

Statistiques des résultats de l'enquête concernant l'innovation

	Entreprises DJSI	Entreprises DJGI
14. Votre entreprise développe sa propre technologie et en externalise l'activité de R + D + I	3,85	4,62
15. L'innovation en cours dans votre entreprise est fondée sur l'innovation avant (innovation incrémentale)	4,64	3,85
16. La politique d'innovation par votre entreprise est orientée vers les inventions (innovation radicale)	3,55	3,15
17. Dans l'innovation menée dans votre entreprise, les aspects environnementaux sont pris en considération	4,55	3,82
18. Dans la politique d'innovation de votre entreprise, l'accent est mis sur le renforcement de la capacité de développer de nouvelles capacités technologiques	4,09	3,92
19. Les politiques d'innovation de votre entreprise sont axées sur les produits	4,73	4,31
20. Les politiques d'innovation de votre entreprise sont axées sur les procédés	4,45	3,31

En ce qui concerne la stratégie d'innovation, on aperçoit une différence dans l'accompagnement des conséquences de l'innovation (item 14). Par ailleurs, l'hypothèse 4 est vérifiée : l'innovation est plus incrémentale dans les entreprises du DJSI. Alors que l'innovation de rupture se retrouve plus dans les entreprises du DJGI (items 15 et 16). Cela est cohérent dans le sens où l'innovation de rupture est par définition plus incertaine.

Ainsi, les entreprises qui sont dans une démarche responsable ont un processus d'innovation, une démarche plus « posée », « douce » dans la mesure où elle prend le temps de mettre en perspective tous les impacts (item 17).

Statistiques des résultats de l'enquête
concernant la relation entre RSE et innovation

	Entreprises DJSI	Entreprises DJGI
21. Les politiques d'innovation de votre entreprise sont liées à ses stratégies de développement durable	4,91	3,00
22. L'adoption de critères RSE a conduit à un changement dans les politiques de l'entreprise en matière d'innovation	4,55	2,85
23. L'adoption de critères RSE a conduit à une augmentation des dépenses sur l'innovation	4,36	2,62
24. L'adoption de critères RSE a conduit à des changements technologiques dans ses processus de production	4,73	3,08
25. L'adoption de critères RSE a conduit à des changements technologiques qui affectent la qualité de ses produits (design, qualité, etc.)	4,91	3,38
26. L'adoption de critères RSE a conduit à des changements technologiques qui affectent la gamme de produits qui sont marqués	4,73	2,69
27. L'adoption de critères RSE a conduit à des variations technologiques qui représentent un changement radical dans la principale activité de l'entreprise	1,82	1,38

Tout naturellement, il s'opère un alignement naturel entre stratégie d'innovation et RSE (item 21), ce qui valide l'hypothèse 5 : la démarche de responsabilité influence la stratégie d'innovation.

Dès lors, l'adoption de critères de responsabilité modifie la stratégie d'innovation ; de l'intention stratégique à la fabrication en passant par les technologies utilisées (items 22 à 27).

■ MIEUX INNOVER EN ÉTANT RESPONSABLE

Nous pouvons dégager plusieurs enseignements cruciaux à travers l'analyse de cette étude :

1. tout d'abord les entreprises du DJSI présentent naturellement un plus haut degré d'alignement avec les sujets en lien avec la responsabilité en général, avec l'innovation-responsable en particulier ;

2. adopter une approche responsable est un atout stratégique et influence les mécanismes et les stratégies d'innovation que l'on souhaite mettre en œuvre. Autrement dit, choisir une politique incrémentale ou de rupture n'est pas similaire. Si l'on souhaite conduire les deux, elles correspondent en termes de responsabilité – mais aussi en termes de processus – à des organisations différentes ;

3. intégrer la responsabilité augmente l'avantage compétitif, avec des résultats satisfaisants à court et long terme, tout en répondant de façon responsable aux demandes et exigences des parties prenantes. Ainsi, adopter cette politique préserve les intérêts de tout un chacun (clients, partenaires, fournisseurs, etc.) ;

4. les entreprises considèrent qu'intégrer la responsabilité non seulement crée de l'innovation, de la valeur sur une durée longue, mais également favorise un développement des activités ;

5. ainsi, ces politiques responsables montrent qu'intégrer la responsabilité permet d'impacter la stratégie globale de l'entreprise, la stratégie de l'innovation et d'en optimiser le processus. Cela signifie que si de telles stratégies sont en effet performantes, si elles peuvent porter des fruits de façon significative, c'est parce

que l'ensemble de l'entreprise est, depuis sa direction, porté en ce sens. Autrement dit, une entreprise qui n'aurait qu'une stratégie à court terme de la responsabilité risquerait de ne pas générer les résultats escomptés.

REMARQUES ET CRITIQUES DE L'INDICE DJSI

Le DJSI est un indice global de la responsabilité de l'entreprise. Il prend en compte des éléments économiques (gouvernance, gestion des crises, codes de conduite, etc.), des attitudes environnementales (développement durable, respect de la régulation, etc.) et des éléments sociaux (développement du capital humain, la formation, etc.). Néanmoins, le DJSI ne prend pas en compte la finalité de l'entreprise. Cela repose le débat que nous avons ouvert entre l'innovation-responsable et l'innovation sociale. Car, en effet, il peut paraître étonnant de noter la présence dans l'index d'entreprises telles que British American Tobacco, Heineken, Ladbroker, Total, GlaxoSmithKline. Ainsi, la notion de responsabilité comprise par le DJSI porte sur la capacité et la volonté de l'entreprise à se conformer à ses responsabilités. Savoir s'il faut fumer, conduire une voiture Diesel, boire de la bière, parier sur des matchs de football sont des considérations de responsabilités qui ne tiennent pas qu'à l'entreprise dans cette compréhension. Les citoyens portent par eux-mêmes une responsabilité : celle de consommer ou non, d'acheter ou non, d'utiliser ou non.

▣ SITUATIONS INNOVATION-RESPONSABLE

LE CAS STARBUCKS

L'enseigne Starbucks est souvent caricaturée comme le « McDonald's du café » qui viendrait anéantir bistrots de quartier et cafés du commerce. Pourtant, depuis sa création en 1971, ce qu'offre Starbucks, c'est une proposition d'expérience radicalement différente qui associe une certaine convivialité avec une volonté de « consommer responsable ».

Il y a en effet une quarantaine d'années que s'ouvre le premier Starbucks en adoptant le nom d'un des personnages de *Moby Dick,* le roman d'Herman Melville. Cela était censé évoquer l'aspect romantique de la mer et la tradition maritime. Selon son fondateur, le nom était parfait pour un magasin de vente de cafés d'excellente qualité, sélectionnés précieusement, ainsi que pour la boutique d'importation des meilleurs cafés du monde pour les consommateurs de Seattle.

Howard Schultz commença à travailler comme salarié pour Starbucks en 1982. Après un voyage en Italie, il est fasciné par les espresso bars au style italien, où il goûte à la convivialité du café, lieu où l'on prend son temps pour discuter.

En 1984, Schultz décide d'ouvrir sa première cafétéria aux États-Unis au style convivial italien et où le client peut lire son journal avec de petites salades, des sandwichs et du café estampillés Starbucks. En 1987, il achète Starbucks à ses anciens patrons et construit sa *success story,* en premier lieu aux États-Unis puis dans le reste du monde. Aujourd'hui, Starbucks, c'est plus de 16 000 lieux implantés dans 50 pays à travers le monde pour servir plus de 45 millions de clients par semaine de son café en provenance directe de ses cinq usines de torréfaction. Sur le marché français depuis 2004, Starbucks, c'est une cinquantaine de salons.

Une expérience client unique

Starbucks n'a jamais eu pour ambition d'être un concurrent des petits bistrots de quartier. Starbucks veut apporter une expérience consommateur qui n'existe pas : un lieu de convivialité pour jeunes et moins jeunes, où l'on peut passer juste le temps d'emporter une commande ou rester plusieurs heures pour y converser, travailler, se reposer confortablement, se connecter sur Internet, découvrir de la musique, etc. L'expérience Starbucks, c'est être ailleurs, mais « comme à la maison », se sentir en sécurité, bien accueilli, proche de valeurs communes, se sentir aussi reconnu. C'est ce qu'essaie de faire depuis trente ans Starbucks à travers le monde, ce qui a fait son développement et son succès en se focalisant non pas tant sur les cultures, les traditions que sur l'individu universel et ses besoins.

Ainsi que Howard Schultz le revendique, l'idée de servir une tasse de café, c'est simplement répondre à l'un des besoins humains les plus communs sur la planète. Starbucks vise à répondre à des besoins universels, et non particulièrement à ceux d'individus français, américains ou allemands. C'est pourquoi si Starbucks se focalise de façon rationnelle sur une qualité de produit, l'enseigne cherche avant tout à se connecter à un niveau émotionnel avec ses clients, à l'instar d'un Coca-Cola qui ne vend pas « que » de l'eau sucrée, de Nike qui ne vend pas « que » des chaussures de running ou encore Apple qui ne vend pas « que » des ordinateurs. Ce que vend Starbucks, outre son café, c'est bien de l'émotion quelle que soit l'origine de son client dans le monde, à travers ce qu'il nomme la « troisième place », qui se situe entre le domicile et le travail. C'est d'ailleurs cette convivialité que l'on retrouve dans cette « nouvelle place » qui explique aussi le taux élevé de fréquentation des femmes (70 %) et des jeunes actifs qui ne fréquentaient pas les bistrots de quartier.

Cette proposition d'une nouvelle place conviviale ne tient qu'avec un personnel engagé vers ce but et l'enjeu pour le management de Starbucks est de faire de ses boutiques également un endroit de travail « idéal » pour s'assurer de la qualité de délivrance du service. Chaque employé doit ainsi se reconnaître lui-même dans l'ADN de Starbucks qui est d'être « reconnus autant pour nos programmes environnementaux et communautaires que pour la qualité de notre café ». La traduction opérationnelle de cet engagement implique une politique responsable qui s'articule autour de trois axes : l'achat éthique, l'engagement communautaire et la responsabilité environnementale.

L'achat, la production, les lieux de consommation

L'achat éthique pour Starbucks correspond à l'engagement d'acheter exclusivement un café arabica dont la qualité tient notamment au fait qu'il est cultivé de manière responsable et issu uniquement du commerce éthique. Outre le contrôle de l'aspect environnemental sur ses productions, Starbucks s'engage auprès des producteurs eux-mêmes, comprenant que prendre soin d'eux, c'est prendre soin de la valeur ajoutée pour Starbucks. Ainsi, depuis 2010, l'ensemble des espressos, caffès latte et autres cappuccinos sont estampillés Max Havelaar, certifiant ainsi les engagements annoncés.

Les fournisseurs de café de Starbucks sont variés tant par leur taille que par leurs structures économiques. Ainsi, on retrouve des petits producteurs, des coopératives ainsi que des fournisseurs plus industrialisés. Mais ce qu'il faut noter, c'est l'ensemble de la démarche que Starbucks met en place auprès des petits producteurs pour s'assurer autant de la qualité du café qui est produit pour eux que de la quantité et de la durabilité.

En 1998, un protocole est signé entre l'association Conservation International et Starbucks pour un programme pilote en approvisionnement en café. Conservation International a été fondée en 1987 avec la mission de « conserver le patrimoine naturel de la terre et la biodiversité mondiale et de démontrer que les sociétés humaines peuvent vivre en harmonie avec la nature ». Son but est de conclure des alliances avec les compagnies, les groupes de conservation, les gouvernements et les fondations privées. Au milieu des années 1990, Conservation International a identifié le café comme un élément important pouvant affecter la biodiversité et la préservation de l'environnement. Le café, cultivé en plein soleil, nécessitait l'utilisation de produits agrochimiques, ce qui détériorait l'environnement. En conséquence, à la fin des années 1990, Conservation International lance un projet avec trois coopératives de café au Chiapas (Mexique) pour préserver et promouvoir le café cultivé à l'ombre. La région était un habitat pour de nombreuses espèces d'oiseaux rares et menacées. Le programme a essayé de préserver et de promouvoir le café cultivé à l'ombre et de prévenir la déforestation dans la région. Starbucks est intervenu dans le projet en se rendant au Mexique afin de communiquer aux agriculteurs les changements à apporter pour permettre techniquement que la culture d'un café de qualité soit capable de pousser à l'ombre. À cette époque, Starbucks ne s'engage pas à acheter leur café, mais si les cultivateurs répondent aux attentes de qualité du café cultivé, ils pouvaient le lui vendre à un prix préférentiel. Au cours de la première année du projet, Starbucks a ainsi acheté 76 000 livres de café cultivé à l'ombre provenant des plantations du Chiapas à des prix nettement plus élevés que le prix du marché (en moyenne 1,20 dollar par livre en 2001). Les achats de Starbucks de café cultivé à l'ombre ont augmenté jusqu'à 1 500 000 livres en 2002. Le projet au Chiapas a entraîné une augmentation de 40 % des revenus des cultivateurs de café, une croissance de 100 % des ventes internationales de café provenant des coopératives partenaires.

Que ce soit pour les formations aux agriculteurs, aux gestionnaires de coopérative et aux techniciens sur le contrôle qualité et les méthodes d'agriculture respectueuses de l'environnement, Starbucks a épaulé l'organisation non profitable Conservation International. Cette innovation d'alliance réussie a satisfait autant les dirigeants de Starbucks que les consommateurs. Dans le même temps, Conservation International mais surtout les petits producteurs de café ont développé leur savoir, leur profit tout en préservant leur environnement.

Les engagements et mises en œuvre de Starbucks envers ses producteurs sont vérifiés en continu par 160 inspecteurs indépendants accrédités et supervisés par le Scientific Certification Systems, un organisme environnemental indépendant qui contrôle l'aspect durable et la qualité des ingrédients : certification, audit, test et standard. En 2008, Starbucks a ainsi distribué dans ses restaurants 77 % de café répondant à ses standards et prévoit, d'ici à 2015, de l'étendre à l'ensemble de son café. Cette implication auprès des fermiers indépendants dans les processus de fabrication, dans les communautés et leur environnement qu'il faut préserver a fait de Starbucks le plus puissant acheteur de café certifié Fairtrade dans le monde en 2009. L'enjeu est de produire collectivement un café toujours d'excellente qualité en prenant soin de tout l'écosystème, y compris en développant si besoin des programmes de financement où des crédits peuvent être alloués. C'est ainsi que les centres du Costa Rica et d'Afrique, par exemple, investissent dans des programmes de plus de 20 millions de dollars d'ici à 2015.

Une démarche globale

La responsabilité envers ses fournisseurs n'a évidemment de sens que dans une structure d'actions responsable globale et seule la prise en compte de l'ensemble de la chaîne de valeur peut avoir un sens. Car à l'évidence une réduction d'empreinte environnementale n'est évaluable que dans sa globalité. Ainsi, dans le cas de Starbucks, l'utilisation des énergies comme l'eau, l'électricité, fait l'objet de suivi très particulier dans ses restaurants, que ce soit pour la vaisselle, le ménage, la climatisation, etc. Et ce, jusqu'au suivi des gobelets que Starbucks visent à garantir à 100 % recyclés et recyclables.

Depuis quelques années, chaque nouvelle boutique vise à se conformer à la certification LEED® (Leadership in Energy and Environmental Design). Cette certification a été développée en 1994 par l'US Green Building Council, une association américaine dédiée à la promotion de bâtiments rentables, agréables à vivre et d'une bonne performance environnementale.

Dans cette chaîne de valeur responsable, les employés sont évidemment clés. Dès les premiers temps de sa direction, Schultz a pour préoccupation la fidélité de ses employés et est un des tout premiers entrepreneurs à avoir mis en place un système d'option dans son entreprise à destination des employés. Néanmoins, la conviction du président est que Starbucks doit avoir une aura qui dépasse son café, ses restaurants, ses employés. Starbucks doit avoir un rôle bien plus global et, à ce titre, les salariés doivent s'ancrer dans les communautés locales où ils sont implantés. Que ce soit dans le soutien scolaire, dans l'aide aux personnes handicapées, dans l'apprentissage de sports, etc., les salariés Starbucks contribuent chaque année à 1 million d'heures dans ce type de programme.

LE CAS GDF SUEZ[1]

Nous avons dit qu'il fallait bien distinguer l'innovation-responsable en termes de processus de l'innovation à finalité responsable, autrement appelée l'innovation sociale. L'exemple de GDF Suez est intéressant car ce groupe tente une articulation des deux approches. GDF Suez questionne en effet l'innovation au-delà des seules questions d'acceptabilité de ses installations, de réduction des risques liés à ses infrastructures, voire d'obligations de débat public. L'innovation sociétale, ainsi que l'entreprise la conçoit et la définit, dépasse la maîtrise des impacts de l'entreprise sur son environnement ; elle la conduit à innover au service des populations, sans souci immédiat de rentabilité.

L'innovation et l'impact social

L'« innovation sociétale » est définie par GDF Suez comme l'ensemble de ses programmes destinés à la société dans son ensemble. Cela, d'ailleurs, le différencie de l'ingénierie sociétale traditionnelle. Ainsi, dans le projet de barrage de Jirao en Amazonie, GDF Suez prend à sa charge (à hauteur de 10 à 15 % du budget total, soit quelque 600 millions d'euros) le relogement des populations, la reforestation après une déforestation autorisée, les programmes environnementaux liés aux impacts du barrage sur les écosystèmes et la construction d'infrastructures (routes, écoles) autour du barrage.

Avec l'innovation sociétale, le groupe n'ambitionne pas moins de devenir un acteur du *social business* en s'appuyant sur ses trois métiers :

1. Pour un approfondissement de cet exemple, cf. Xavier Pavie (dir.), « Innovation-responsable : oxymore ou réalité », *Cahier Innovation et société*, juin 2011.

l'eau, l'assainissement et l'énergie. Concrètement, cela signifie qu'avant de viser une quelconque rentabilité, l'entreprise privilégie l'impact social de ses actions orientées *social business* avec toutes les complexités que cela peut avoir dans le domaine des infrastructures. En conséquence, des grilles de décision utilisées dans les comités d'investissement ont été inversées : le critère principal est l'impact social, la rentabilité du projet n'est étudiée qu'en dernier lieu. Notons que l'approche nécessite de développer des méthodologies de sélection, d'évaluation et d'intégration des projets de *social business*.

Par ailleurs, l'innovation sociétale passe pour GDF Suez par un renforcement des dispositifs de soutien aux clients démunis. Dans la mesure où elle doit répondre précisément aux besoins des populations, l'innovation sociétale implique de partager une expertise avec d'autres acteurs : pouvoirs publics, bailleurs de fonds, ONG de développement, associations caritatives, entreprises. Plus encore, le principe de coconstruction des solutions s'avère incontournable. Si une entreprise n'implique pas les parties prenantes en amont des projets, les risques sont grands qu'elle perde du temps et de l'argent.

Le cas du terminal méthanier de Fos-Cavaou, près de Marseille, a contribué à en faire prendre conscience au groupe. Alors que tous les débats publics requis avaient été organisés et que l'ensemble des travaux d'étude étaient finalisés, un problème inédit est survenu : dans la plaine de Crau, où devait passer une canalisation, poussait une herbe extrêmement rare, le coussoul. Des associations environnementales se sont à bon escient vivement manifestées et les travaux ont dû être stoppés. Il a fallu refaire les études et recommencer les travaux – d'un coût non négligeable – pour faire passer la canalisation par un autre chemin. Ce revirement, très onéreux, aurait pu être évité grâce à une implication plus forte des parties prenantes dans l'élaboration du projet, au-delà du seul débat public.

Enfin, la dernière condition de l'innovation sociétale pour le groupe est de renforcer l'implication des collaborateurs dans l'ensemble des projets à travers le monde. Cela est fondamental à la fois pour le caractère fédérateur et, par ailleurs, répond à une attente des salariés. Car, à l'instar du reste de la population, ils se sentent concernés par la montée de certaines valeurs dans la société : solidarité, désir de régulation des processus économiques, justice sociale.

Sur ces bases, GDF Suez construit son innovation sociétale dans trois domaines.

Le dialogue avec la société est parfois complexe et il arrive naturellement que des ONG environnementales s'opposent catégoriquement à un projet de barrage, par exemple. D'autres, en revanche, peuvent exiger qu'un futur barrage ait des impacts très limités sur l'environnement et représente un avantage pour les populations locales. L'échange est alors possible. Dans cette logique, GDF Suez a établi des partenariats avec de nombreuses ONG (pour la France, Emmaüs, France Nature Environnement, etc.).

La combinaison de trois leviers

Dans ses projets sociétaux, GDF Suez s'efforce d'articuler trois leviers classiques :

- l'investissement. Le groupe prend des participations chez des entrepreneurs sociaux porteurs de projets ayant un réel impact social ;
- les dons. Dans une logique de philanthropie, le groupe soutient des projets à composante humanitaire sans perspective de retour financier (Fondation GDF Suez) ;
- l'assistance technique et managériale aux entrepreneurs sociaux. Elle passe par un programme de mécénat de compétences.

Notons que, lorsque GDF Suez investit dans un projet d'innovation sociétale, il n'a pas vocation à y rester. Dès que le projet est viable, il se doit d'être repris par la communauté où il est mis en œuvre.

Avec ses trois ONG internes (Energy Assistance, Aquassistance et Codegaz qui existe depuis vingt ans), le groupe mobilise plus de 2 500 collaborateurs volontaires. Ces organisations ont en permanence un portefeuille d'une centaine de projets humanitaires dans le monde. GDF Suez leur apporte un soutien financier et logistique.

L'innovation sociétale en actes

Pour GDF Suez, l'innovation sociétale dans l'accès à l'énergie et la lutte contre la précarité énergétique recouvre deux volets : d'une part, la politique envers les clients démunis et, d'autre part, l'accès à l'énergie pour les populations pauvres.

Des dispositifs innovants pour les plus démunis

L'opération Isigaz vise à sensibiliser les locataires sociaux des zones urbaines sensibles aux économies d'énergie et à la sécurité des installations intérieures gaz. Initiée il y a cinq ans, elle a déjà permis de toucher 640 000 personnes.

L'action est partie du constat que, dans les zones urbaines sensibles, se présentaient des risques presque systémiques non sans danger pour les installations gazières. Certes, la responsabilité de GDF Suez s'arrête au compteur, les installations intérieures relevant du locataire. Toutefois, lorsqu'il se produit un incident en aval du compteur, cela entache l'image du gaz naturel en France. Le groupe s'est donc décidé à vérifier les installations, à la suite notamment d'un accident grave dans une zone urbaine sensible de Mulhouse. Toutefois, une autre difficulté se présentait. Comment intervenir dans des quartiers difficiles où les habitants n'ouvrent pas facilement leur porte à une personne susceptible de représenter l'État ? Des collaborateurs du groupe ont estimé que la seule façon d'entrer en contact avec ces populations était de leur offrir quelque chose, en l'occurrence le changement des tuyaux de leur gazinière. Un programme a été mis en œuvre pour remplacer les tuyaux en caoutchouc, peu durables, par un tuyau pérenne relativement cher mais offert. Comme il n'était pas envisageable que cette mission soit assurée par des agents de GDF Suez, il a donc été décidé de recourir à des associations de médiation sociale, avec qui des conventions ont été passées. GDF Suez forme les travailleurs sociaux au travail de sensibilisation à la sécurité qu'ils auront à mener. Ces conventions présentent l'intérêt d'offrir une stabilité aux associations et de leur permettre d'embaucher des travailleurs. De plus, il est apparu que cette action était l'occasion pour les travailleurs sociaux d'aborder d'autres sujets avec les populations pauvres, de faire de la médiation sociale dans l'ensemble de ses composantes (surendettement, etc.). Cette opération est très coûteuse, mais a un impact considérable dépassant le strict cadre de GDF.

L'observatoire international GDF Suez

On estime qu'en Europe de 50 à 125 millions de personnes se trouvent dans une situation de précarité énergétique. GDF Suez évalue que 700 000 de ses clients sont en réelle incapacité de payer leur facture de gaz ou de se chauffer. En France et dans certains pays européens, la loi instaure un tarif spécial du gaz et de l'électricité pour les populations identifiées comme démunies. Dans le même temps, on assiste au développement d'une population qui se situe juste au-dessus des *minima* sociaux et dont la précarisation énergétique va croissant. Le groupe a donc décidé de se doter d'un observatoire international pour essayer de mesurer cette précarité et pour adapter ses dispositifs en conséquence. Cet observatoire est parrainé par Martin Hirsch, Christophe Deltombe (président d'Emmaüs) et le sociologue Serge Paugam. L'enjeu est d'essayer de passer du curatif au préventif, avant que la précarité extrême ne survienne. Il s'agit de mettre au point, dans la plupart des pays européens, des indicateurs avancés de précarisation.

L'accès à l'énergie pour les pays pauvres

Dans le monde, 1,4 milliard de personnes n'ont pas accès à l'énergie, 880 millions à l'eau potable et 2 milliards à l'assainissement. Sans répondre à cette pauvreté, GDF Suez a néanmoins lancé des projets de *social business* en matière de desserte en énergie. Vingt-cinq projets sont en cours dans le monde. Certains sont des prototypes car cette démarche d'innovation passe d'abord par des projets pilotes, avant d'envisager une généralisation au vu du retour d'expérience. Un projet pilote d'électrification d'un village au Vietnam par exemple touche mille personnes seulement. Mais l'objectif fixé avec les autorités vietnamiennes est de soixante villages à la frontière du Laos.

Trois exemples de projets d'accès à l'énergie

L'électrification des îles de Vanuatu

En 2007, la filiale de GDF Suez Unelco a proposé, parallèlement à son « *business* classique », en l'occurrence l'électrification des villes de Vanuatu, un plan visant à donner accès à l'énergie à 80 % de la population de cet archipel du Pacifique, soit 116 000 personnes réparties sur 3 130 sites. À ce jour, 100 sites sont électrifiés, touchant 44 000 habitants.

Le projet repose sur quatre piliers fondamentaux :

- un impact social : c'est le critère qui conditionne le choix des sites à desservir ;
- des solutions décentralisées : solaire, éolien, petit diesel, huile de coco… Les solutions doivent pouvoir être gérées localement.

Il existe par exemple des systèmes solaires centralisés sur un village et peu onéreux, fonctionnant avec des ampoules Led ;

- l'engagement des communautés : cet engagement est essentiel car il permet de trouver la solution la plus appropriée et d'assurer son appropriation par la communauté ;

- commencer par des prototypes, dont on capitalise le retour d'expérience. À Vanuatu, le premier prototype s'est déroulé à Port-Olry avec du coco-fuel, une huile réalisée à partir de noix de coco utilisée dans un diesel qui produit de l'électricité.

D'ores et déjà, les premiers enseignements révèlent l'importance de plusieurs aspects dans cette innovation sociétale :

- la qualité des études préalables : l'enjeu est de choisir des technologies adaptées aux réalités locales des sites et des clients ;

- un projet de développement global : l'électrification rurale est considérée comme l'un des volets d'un projet de développement rural global. L'utilisation du coco-fuel par exemple repose sur l'exploitation de ressources locales ;

- l'implication des populations et de toutes les parties prenantes : les solutions doivent être coconstruites avec les populations.

L'accès aux services dans les bidonvilles de Casablanca

Au travers de sa filiale Lydec, GDF Suez est opérateur de l'eau, de l'assainissement et de l'énergie dans le Grand Casablanca. Pour emporter ce marché et pour stabiliser son travail à Casablanca, le groupe s'est lancé depuis 1999 dans l'électrification des zones informelles de l'agglomération. Il s'est agi dans un premier temps, jusqu'à 2005, d'électrifier le bidonville. Si l'intervention en soi est peu onéreuse, l'ingénierie sociétale qui l'accompagne est complexe : il faut collecter les paiements (même modiques), résoudre les questions foncières sachant que les habitants sont propriétaires du bâti mais pas du sol... Parallèlement, un travail plus marginal a été mené sur l'eau. Après quelques années de bon fonctionnement, la situation s'est dégradée. En effet, un facteur n'avait pas été anticipé : autant l'arrivée de l'électricité ne modifie pas le sentiment des populations d'être en transit dans le bidonville, autant la desserte en eau et l'assainissement les incitent à s'y installer durablement. C'est ainsi que l'on a vu des personnes construire un deuxième étage à leur habitation.

Dans ces conditions, le projet s'est heurté à un certain nombre d'obstacles. Les autorités locales faisaient preuve de lenteur dans leurs décisions (élaboration de la liste des bénéficiaires de la desserte en énergie, relogements). L'implication des parties prenantes a été longue. Le dernier obstacle majeur fut le déficit financier. Car si l'électrification est simple et peu coûteuse, la desserte en eau et l'assainissement coûtent extrêmement cher.

Le projet a retrouvé un essor en 2005 grâce à un engagement fort du gouvernement marocain. Il recouvre l'accès à l'eau, l'assainissement et l'électricité. La détermination de tarifs sociaux a été favorable. La démarche a également bénéficié de solides partenariats avec des ONG, essentiels pour expliquer aux populations la nature du projet, son avancement, les sensibiliser à leurs droits et obtenir leur confiance. Enfin, la transparence et la précision des procédures furent des leviers de réussite considérables, notamment pour résoudre les enjeux fonciers. Le principe adopté est qu'il revient aux autorités locales de communiquer à GDF Suez les noms des personnes pouvant bénéficier du service. L'enjeu étant la réforme du foncier, c'est-à-dire de passer d'un bidonville à une zone d'habitation stable, il était nécessaire de s'appuyer sur une décision d'ordre politique.

Accès à l'énergie au Mali

L'accès à l'énergie mené à Terya Bugu au Mali, en collaboration avec Total, est intéressant malgré sa petite envergure car il présente un avantage sociétal majeur. Il permet en effet de tester un dispositif innovant dans lequel des groupes électrogènes sont alimentés par une huile issue de graines de jatropha, arbuste cultivé par la communauté du village. Le projet pilote a demandé d'organiser la culture du jatropha et le processus de transformation de la graine.

Cette action a entraîné une réduction de la facture énergétique pour le village et un supplément de revenus pour les paysans. Ses enseignements permettront de juger s'il est possible de développer à plus grande échelle le principe de l'électricité par jatropha.

LE CAS ORANGE HEALTH CARE[1]

Dans le même esprit que GDF Suez, Orange a considérablement investi dans des innovations-responsables tant dans son *process* que dans sa

---

1. Pour un approfondissement de cet exemple, cf. Xavier Pavie (dir), « Innovation-responsable : oxymore ou réalité », *op. cit.*

finalité responsable. La question de l'intégration des nouvelles technologies dans le domaine de la santé est très sensible et ne peut être imposée aux patients, sans quoi elle risque d'être rejetée. Les parties prenantes sont fondamentales : autant les malades que les professionnels médicaux. Une approche très humble est d'autant plus importante pour Orange qu'il n'est historiquement pas un acteur de la santé. Il déploie son savoir-faire technologique – créer du lien entre les individus – au service d'un écosystème complexe dont il a beaucoup à apprendre : patients et leur famille, professionnels de la santé, ministères, acteurs publics, ONG, laboratoires pharmaceutiques, mutuelles, assureurs… L'enjeu d'Orange n'est pas d'imposer l'arrivée de nouvelles technologies là où elles ne font pas progresser l'environnement de santé dans son ensemble.

En conséquence, le modèle retenu par Orange est celui de l'innovation de partenariat, de l'expérimentation au plus près des besoins locaux. En collaboration avec les grandes entreprises de la santé comme GE Healthcare, Siemens, etc., il accompagne les hôpitaux, réseaux de soins et autres acteurs voulant introduire les nouvelles technologies dans le domaine médical. Il leur apporte ses compétences propres : hébergement, sécurité, transport de l'information, connectivité, *cloud computing*, support aux utilisateurs, services d'accueil. Les solutions sont d'abord testées auprès des malades et des professionnels afin de mesurer leur utilité et leur acceptabilité.

Répondre à des besoins fondamentaux

Si Orange investit le domaine de la santé, c'est parce que l'entreprise a perçu un décalage, dans les pays développés, entre les besoins d'une population vieillissante et touchée par les maladies chroniques, d'une part, et une offre de soins de plus en plus inadaptée, d'autre part. Sans compter, bien sûr, le potentiel économique induit.

Un quart de la population française a plus de 60 ans. L'accès aux soins pour les patients âgés et faiblement mobiles peut s'avérer difficile. De plus, la démographie médicale évolue en accroissant les inégalités d'offre de soins entre les territoires. Les technologies d'e-santé peuvent contribuer à y remédier, en permettant des consultations et des échanges d'informations sensibles à distance. En outre, le mode de prise en charge des patients se transforme sous l'effet du développement des maladies chroniques et nécessite un suivi régulier du patient par le professionnel de santé. Là aussi, la dématérialisation de la relation peut être utile.

Dans ce contexte de dématérialisation, l'information de santé, sa conservation et sa transmission sécurisées deviennent clés. C'est vrai pour le patient qui souhaite conserver ses propres données, mais aussi pour le professionnel de santé qui a besoin d'y accéder pour pratiquer son métier. Dans le traitement des pathologies complexes en particulier, la nécessité de partager l'information entre plusieurs experts s'accroît. L'information est également centrale dans des démarches de prévention et d'éducation à la santé.

L'e-santé peut donc participer à l'amélioration de la qualité des soins, toujours en s'adaptant à des besoins et à des contextes locaux. Le diabète, par exemple, est un phénomène prégnant dans certains pays développés, lié en partie aux habitudes alimentaires. En apprenant aux patients à mieux se nourrir ou en assurant le suivi à distance de leur pathologie grâce aux nouvelles technologies, on renforce leur bien-être. Dans les pays émergents, les problématiques sont autres : il s'agit bien souvent de l'accès aux soins de base. Orange travaille ainsi au Mali, en collaboration avec des associations, sur la question de la mortalité infantile. Cela donne lieu à des programmes d'éducation et de conseil auprès des mères quant aux soins à donner à leurs jeunes enfants. La télémédecine peut aussi s'avérer très utile dans des pays où l'accès aux soins est difficile pour des raisons géographiques.

Les axes d'innovation dans l'e-santé

Au vu des besoins qui restaient insuffisamment satisfaits en matière de santé, Orange a fait de l'e-santé un axe stratégique. Depuis plus de dix ans, le groupe contribue à moderniser les infrastructures, à équiper les hôpitaux et cliniques en solutions de communication. En 2007, une nouvelle étape a été franchie avec la création d'Orange Healthcare. Aujourd'hui, le groupe compte plus de 3 000 chercheurs, de nombreux centres de recherche dans le monde et des centres de développement de services – dont un créé récemment en Afrique – dont l'objectif est de s'enrichir de cultures et de partenariats locaux.

L'innovation en e-santé se développe dans trois domaines :

- les services aux professionnels de santé : en connectant les infrastructures de santé, il s'agit d'améliorer la coordination, la collaboration et la fluidité des informations entre tous les acteurs ;

- le patient et sa maladie : comment accompagner un malade, en particulier s'il est atteint d'une pathologie de longue durée ? Comment faire en sorte que le suivi de sa maladie s'intègre au mieux dans sa vie quotidienne ? Comment contribuer à l'information et à l'éducation en santé ?

- la prévention et le bien-être : au-delà de la dimension curative qui prévaut encore dans nos systèmes de santé, comment engager le citoyen dans une logique de prévention et de bien-être, pour lui et sa famille ?

Ces domaines prioritaires d'intervention étant fixés, la démarche d'innovation d'Orange se fonde sur quatre logiques.

1. Anticiper le développement des futurs usages et normalisations : quels usages implique le développement de la télémédecine ? Dans les pays émergents, comment le téléphone mobile, extrêmement répandu, peut-il permettre à une personne d'accéder à de l'information sur sa maladie ou à de la prévention ? Comment cette personne peut-elle faire remonter des informations sur sa pathologie ? Les projets d'Orange dans ce domaine sont regroupés dans le programme « Alliance Mobile Health » et sont souvent pilotés par des ONG. Orange s'y associe au travers de ses nouvelles technologies.

   Autre sujet, comment des solutions d'assistance à domicile peuvent-elles permettre à des personnes âgées ou dépendantes de vivre plus longtemps chez elles de façon autonome ? S'agissant de personnes peu familières des nouvelles technologies, l'approche doit être des plus simples, une solution peu ergonomique ou trop complexe serait rejetée. Dans une perspective plus macroscopique, comment travailler avec tous les acteurs qui réfléchissent à la problématique d'autonomie ?

Ce travail sur le développement des usages liés aux nouvelles technologies en santé doit être doublé d'un effort de standardisation des systèmes : si l'on veut créer du lien entre les acteurs de la santé, les dispositifs médicaux communicants doivent être compatibles et pouvoir s'envoyer des informations les uns aux autres. La standardisation est ainsi fondamentale pour faire progresser l'innovation.

2. S'inscrire dans des pilotes au service des acteurs de soin et des patients : une fois identifiés, les nouveaux usages sont testés sous la forme d'expérimentations ou de pilotes auprès des clients. C'est ainsi qu'Orange travaille avec l'association Calydial, dans la région lyonnaise, sur un projet visant à équiper les personnes âgées souffrant d'insuffisance rénale de tablettes tactiles permettant de suivre régulièrement leur état, en intégrant des données qui dépassent le champ purement médical (sensation de fatigue, d'avoir les jambes enflées...). Des études cliniques permettent d'observer la façon dont cette solution contribue à améliorer l'état de santé et le quotidien des patients. La démarche est encore expérimentale, mais révèle déjà une bonne appropriation de l'outil par les malades.
Un autre projet est en cours avec une clinique dans la région de Navarre, en Espagne, sur le diabète. Il a été proposé aux patients d'utiliser un téléphone où des informations sur leur état (taux d'insuline, poids) sont entrées soit manuellement, soit grâce à une liaison avec des machines communicantes.

L'étape suivante, pour ce type de projets, consiste à passer d'une logique expérimentale à une réelle appropriation des technologies par les acteurs du marché, au quotidien. L'État et les financeurs de la santé ont un rôle à jouer en la matière.

3. Investir dans des services innovants, des infrastructures sécurisées : dans le cadre de sa gamme « Hôpital connecté », Orange accompagne l'équipement d'hôpitaux en infrastructures (réseaux, matériel informatique), de telle sorte que l'information circule de façon fluide entre les services et les équipes. Cela doit contribuer à la continuité des soins pour le patient. Il est essentiel que ces infrastructures et les services associés soient sécurisés et garantissent une confidentialité des données personnelles de santé.

Une réflexion a été menée en amont avec les pouvoirs publics, aboutissant à la définition d'un référentiel très exigeant auquel Orange s'astreint bien évidemment. Il est le premier opérateur à avoir été agréé comme hébergeur de données de santé.

4. Innover au côté des clients : pour certains projets, l'innovation résulte d'une collaboration très en amont avec les clients. Orange a par exemple conclu un accord de collaboration avec Sorin Group pour développer une solution de suivi à distance des patients porteurs de prothèses cardiaques, pour le traitement des troubles du rythme.

Telle est donc l'approche d'Orange Healthcare, de sa responsabilité en matière d'innovation. C'est à la fois une innovation à finalité responsable répondant à des besoins majeurs de santé pour tous. D'une part, Orange veille dans son processus à ne pas imposer aux patients des innovations technologiques qui puissent les effrayer et éviter ainsi qu'ils se sentent comme « dépossédés » de leur santé. D'autre part, l'entreprise collabore avec le corps médical afin que celui-ci puisse partager les informations nécessaires au meilleur traitement possible pour sa patientèle.

LE CAS FRANÇAISE DES JEUX

Autre exemple, autre contexte avec la Française des jeux. Créée en 1976, la Française des jeux n'a cessé d'innover tout au long de son histoire tant du point de vue des jeux que de son actionnariat, son organisation, sa commercialisation, etc. La question de la responsabilité n'a cessé de croître en parallèle, le jeu d'argent créant une dépendance qui, proche des effets de la drogue, peut détériorer tant l'individu que son environnement.

Or, pendant des dizaines d'années, la Française des jeux a vécu sans loi, sans contrôle, sans code, sans législation ni menace. Entreprise publique, elle était le marronnier hebdomadaire dont on regardait le tirage en famille, le loto national.

Deux phénomènes sont venus bouleverser cette tradition française : d'une part, l'Europe et sa libéralisation des marchés du jeu, l'arrêt des monopoles et, d'autre part, l'accroissement technologique. Désormais la multiplication des jeux fait qu'il est possible de jouer en permanence, 24 h/24, 7 j/7 : Joker Plus, Keno, Loto, Euromillions, etc. Des jeux avec des mises de faible valeur jusqu'à des sommes très conséquentes. Et si le loto traditionnel existe toujours, il multiplie les tirages et les complexités pour pouvoir jouer encore plus.

La stratégie des jeux d'argent tient en trois axes : la fréquence de jeux, l'immédiateté des gains et l'impact psychologique. Le jeu Rapido de la Française des jeux en est un bon exemple : toutes les cinq minutes, dans le café du coin, il y a deux tirages dont vous pouvez obtenir le gain immédiatement. L'impact psychologique est fort puisqu'il est aussi important que le loto à travers le tirage sur un écran de télévision et, par ailleurs, il est public. C'est-à-dire qu'il peut générer une possible glorification de l'élu, de celui qui a réussi à trouver les bons numéros.

Le jeu responsable

L'exponentiel développement de l'ensemble des jeux et la connaissance accrue des impacts ont convaincu la Française des jeux de créer un département « responsable ». Aucune demande, aucune loi, aucune nécessité ne lui a été imposée pour cette création qui concentre ses efforts sur le risque que fait prendre le jeu à ses clients. Les actions de ce département se déclinent selon trois axes :

- le premier d'entre eux concerne leur implication directement dans les innovations des nouveaux produits. L'exemple d'un des derniers jeux de tirage lancés par la Française des jeux est significatif. Oxo est un jeu dont les probabilités de gagner sont plus grandes que celles de l'Euromillions ou du Loto traditionnel : une chance sur dix millions avec Oxo contre une sur 19 millions pour le Loto et une sur 76 millions avec l'Euromillions. Le département Responsabilité était pleinement partie prenante dans le développement du jeu et a clairement cherché à freiner certaines réclamations des clients eux-mêmes. Ainsi, les joueurs exprimaient clairement le désir de toucher instantanément ce qu'ils venaient de gagner. Néanmoins, les travaux menés avec les experts sur la dépendance au jeu soulignent que cette immédiateté engendre un comportement boulimique. Ainsi, contre l'avis des clients, l'immédiateté du gain n'a pas été retenue dans le développement du jeu et l'argent n'est récupérable que le lendemain du tirage. Il est difficile d'y voir un lien de cause à effet, mais Oxo fut arrêté moins d'un an plus tard, en juillet 2010. Si les clients jugeaient le jeu trop compliqué, il est aussi clair que l'immédiateté aurait certainement compensé les difficultés. Il n'empêche que la Française des jeux a su résister à la demande commerciale en retirant le jeu du marché plutôt qu'en l'adaptant de façon risquée pour ses joueurs ;

- si l'implication du département « Jeu Responsable » est fondamentale dans le processus des innovations, il a aussi en charge des missions plus « classiques ». Il développe l'association de joueurs qui aide à comprendre les mécanismes psychologiques de la dépendance et du soin de la dépendance. Cette compréhension permet de multiplier des informations destinées aux joueurs et d'avoir un choix éclairé ;

- enfin, la responsabilité n'est pas attribuable à un département de l'entreprise mais à l'ensemble des fonctions. Le département Responsable forme régulièrement les collaborateurs à la question du « jeu responsable » pour que tout un chacun, dans l'entreprise, puisse agir dans le même sens et avoir connaissance des possibles impacts sur les clients.

L'ensemble de la démarche de la Française des jeux est, dans son contexte, d'opérer sur un terrain délicat tout en se dotant d'actes responsables face à ses joueurs. La responsabilité pourrait même être poussée à un autre niveau si, à l'instar de son équivalent suisse, la Française des jeux reversait ses bénéfices à des associations caritatives. Toutefois, en prenant en charge cette question de la responsabilité envers les joueurs, la Française des jeux évite plusieurs risques et tout d'abord d'être stigmatisée comme une entreprise destinée à faire des bénéfices en méprisant ses clients dépendants, ce qui pourrait lui coûter : procès, indemnisation, rejet des consommateurs, etc. Ce spectre des risques est ce qui impose une responsabilité même si la loi n'oblige en rien ce cadrage.

LE CAS BEN & JERRY'S

Les glaces Ben & Jerry's sont connues dans le monde entier. Fondée en 1978 par deux étudiants, l'entreprise se distingue par quatre axes que les fondateurs nomment « philosophies » :

- philosophie produit : fabriquer, distribuer et vendre les meilleures crèmes glacées, fabriquées à partir de produits laitiers et avec des ingrédients naturels de la meilleure qualité, dans un grand choix de parfums innovants ;
- philosophie économique : conduire l'entreprise sur une base financière saine afin de créer des conditions d'épanouissement pour les employés ;
- philosophie sociale : conduire l'entreprise d'une manière qui reconnaît activement le rôle central joué par celle-ci dans la société, en concevant de nouveaux moyens d'améliorer la qualité de la vie des gens aux niveaux local, national et international ;
- philosophie économique : être soucieux du respect de la nature. Montrer l'exemple au quotidien pour économiser les ressources et encourager le maximum de personnes à adopter un comportement responsable envers l'environnement.

Un ADN responsable, une innovation permanente

Rachetée par le conglomérat Unilever en 2000, B&J continue d'innover de façon responsable également dans les processus. Ainsi 2,4 millions d'euros sont investis entre 2007 et 2012[1] pour réduire l'impact sur l'environnement. À chaque étape de la production, de nombreux investissements ont été réalisés dans des projets d'énergie contrôlés par des organismes indépendants. Cela permet d'obtenir non pas une glace différente, mais une glace dite « climatiquement neutre ». Pour l'acheminement des matières premières, Ben & Jerry's s'approvisionne en priorité avec les ingrédients provenant des régions avoisinantes. Cela permet à la marque de réduire les transports et donc les émissions en CO_2. Autre exemple, toutes les glaces européennes Ben & Jerry's sont produites à l'usine d'Hellendoorn aux Pays-Bas qui a connu, en 2002, une véritable révolution puisqu'elle a été repensée pour utiliser à 100 % les énergies renouvelables.

---

1. http ://www.unileverme.com/innovation/innovationinunilever/responsibleinnovation/

LE CAS DES SERVICES PUBLICS MARCHANDS

Les entreprises publiques en général, mais aussi celles possédant une forte proportion de capitaux publics, sont *a priori* celles qui doivent montrer l'exemple en termes de responsabilité. Dans le cas du service public marchand, qui regroupe des activités commerciales sous le contrôle de la collectivité, Arielle Compeyron explique que « la définition retenue couramment du service public combine une notion de but et d'intérêt général, et une notion de moyen, mission assurée par une personne publique ou par un organisme privé soumis à des règles spéciales[1] ». Taillés entre les enjeux de l'entreprise (rentabilité, notoriété, gestion des actifs, financement, création de valeur), les enjeux sociétaux (égalité, démographie, accès à tous au service public, écologie, intégration communautaire), les enjeux du secteur (emplois, liberté de la concurrence, accès aux ressources) et ceux des consommateurs (prix, qualité, usage, distribution, utilité), ces services publics se doivent d'adopter un processus d'innovation-responsable qui tend à répondre à des contradictions.

La régulation impose un cadre, qui semble contraindre l'innovation

Les services publics marchands opèrent sur des marchés régulés correspondant à un secteur de biens ou de services, contrôlé par un organisme désigné par l'État. Selon une définition économique, la régulation est l'ensemble de règles dont le but est de maintenir l'équilibre du marché. Par conséquent, il s'agit d'un univers contraint.

Dans le même temps, comme nous l'avons déjà souligné, à la fois créatrice de valeur et d'avantage concurrentiel, l'innovation vise à transformer un projet en un processus générant une valeur économique durable, au sens large du terme, au travers une dynamique de mobilisation collective. C'est un outil indispensable dans la compétition d'une économie du XXIe siècle orientée services. Pourtant, et c'est là toute la difficulté, l'innovation ne semble pas trouver sa place dans cet univers contraint. En effet, selon l'étude Innobarometer 2004[2] commandée

---

1. Compeyron A., « La dynamique de convergence entre valeurs de service public et rapports de production », *in* Barreau J., Compeyron A., Havard C., Menard J.Y. et Servel L. : « Une irrésistible modernisation des entreprises de service public », Presses universitaires de Rennes, 2000, p. 19-44.

2. Eurobarometer 164, *Innobarometer 2004*, November 2004, carried out by EOS Gallup Europe upon the request of the European Commission

par la Commission européenne, la nécessité de respecter les règles de régulation nationale attribue aux entreprises européennes interrogées un désavantage compétitif en termes d'innovation. Elles estiment que les contraintes liées à la régulation freinent leurs capacités d'innover, et priveraient donc le marché de nouvelles sources de croissance. Pourtant, la régulation est une nécessité économique imposée par l'État, et l'innovation est une nécessité économique pour maintenir un avantage compétitif. Par conséquent, ces entreprises se doivent de concilier ces deux mécanismes qui semblent s'opposer.

Pour comprendre ce lien entre régulation et innovation, nous pouvons nous intéresser à la régulation du secteur postal, encadré par trois directives européennes[1], dont celle de 1997 qui pose le principe d'un service universel postal. Il est « conçu comme un droit d'accès des utilisateurs aux services postaux et comprenant un éventail minimum de services de qualité déterminée dont tous les utilisateurs, quelle que soit leur situation géographique, doivent pouvoir disposer dans tous les État membres à des prix abordables[2] ».

La responsabilité du service universel

Au-delà d'une obligation, le service universel implique une responsabilité qui recouvre un autre champ que celui que nous avons souligné jusqu'à maintenant. En effet, le service universel impose à l'entreprise désignée comme prestataire du service de maintenir un niveau d'activité, accessible à l'ensemble des citoyens sur certains produits et services, à qualité déterminée. Elle doit répondre de ces actes et s'engage devant un tiers, dans ce cas l'autorité réglementaire nationale, en charge de définir les contours précis du service universel. Néanmoins, l'autorité réglementaire nationale contraint, mais ne permet pas d'encadrer la manière dont les entreprises postales vont intégrer et véhiculer cette obligation en responsabilité. La compréhension de la responsabilité est individuelle, mais nécessite un tiers, perçu comme légitime, pour se déclarer responsable et s'engager sur ces actes futurs.

Prenons le cas du secteur postal en Europe. Secteur intéressant à observer car il est aussi important et ancien dans tous les États membres,

---

1. http://ec.europa.eu/internal_market/post/legislation_en.htm
2. Directive 97/67/EC of the European Parliament and of the Council of December 15, 1997.

qu'il nécessite peu d'avancées techniques ou scientifiques comme le nucléaire ou les télécommunications, par exemple. La transposition du service universel postal est laissée à la discrétion de chaque État membre. Chaque entreprise postale désignée comme prestataire du service universel s'approprie les contraintes imposées et les décline en fonction de sa propre stratégie. Il est intéressant de noter qu'à l'étude de quatre entreprises postales européennes (France, Italie, Allemagne, Espagne), le champ d'activité et la façon de mise en œuvre diffèrent :

- ainsi, en France, La Poste a l'obligation du service universel. Elle effectue une distribution six jours par semaine avec une norme de qualité dit « J+1 ». La Poste a amélioré la qualité et l'accessibilité de son offre avec des tarifs relativement stables depuis 1998. Par ailleurs 99 % de la population doit avoir accès à un bureau de poste[1] ;

- en Italie, Poste Italiane SpA est responsable du service universel, mais de nombreux concurrents comme USP ont une concession de service universel. Elle effectue également une distribution six jours par semaine avec une norme de qualité de J+1, mais, en contrepartie, les prix ont considérablement augmenté, de 33 % entre 2006 et 2007[2] ;

- en Allemagne, la Deutsch Post AG n'a plus l'obligation du service universel depuis la libéralisation totale du marché en 2008, mais continue cependant à l'exercer. La DP AG distribue le courrier six jours par semaine avec une norme de qualité à J+1[3] ;

- en Espagne, l'obligation du service universel revient à la Sociedad Estatal Correos y Telégrafos, SA. Le standard de qualité est de J+3, et l'entreprise délivre le courrier seulement cinq jours par semaine. Il s'agit d'une qualité bien inférieure à la norme européenne. De plus, le ministère a autorisé, par un décret royal, de ne plus livrer les habitations à plus de 250 mètres d'une route principale[4].

---

1. ITA Consulting GmbH and WIK-Consult GmbH, *The Evolution of the European Postal Market since 1997*, Study for the European Commission, DG Internal Market and Services, août 2009.

2. *Idem.*

3. Ecorys, *Main developments in the postal sector (2006-2008), Country Sheet : Germany.*

4. www.agpd.es/portalweb/english_resources/common/reglamentolopd_en.pdf

Nous voyons qu'à partir d'une directive commune les champs d'application du service universel diffèrent. D'un côté, il y a les pays qui ont développé et renforcé l'activité postale en choisissant d'assurer au mieux le service universel sans contrepartie (Allemagne et France) et, d'un autre côté, les pays (Italie et Espagne) qui maintiennent un service universel, mais avec contrepartie (augmentation des prix, non-distribution à l'ensemble de la population). La *virtue matrix* développée par Roger L. Martin nous permet de mieux comprendre ces écarts dans l'application du service universel[1] :

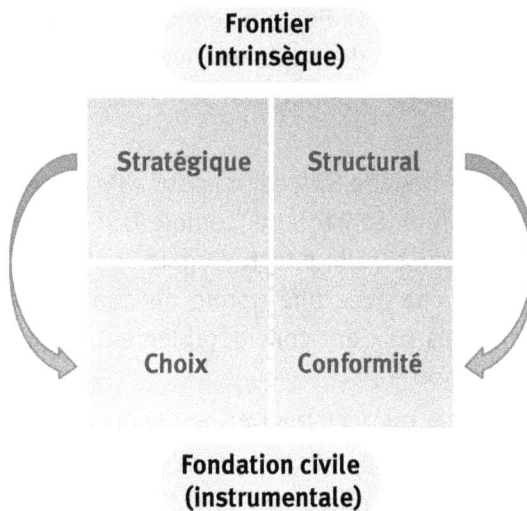

**Frontier
(intrinsèque)**

Stratégique	Structural
Choix	Conformité

**Fondation civile
(instrumentale)**

Cette matrice représente les forces qui génèrent la responsabilité sociale. Dans les deux quadrants inférieurs se fait la distinction entre les entreprises qui choisissent d'intégrer *the common law* (normes, régulation, lois liées à la responsabilité) par leur volonté propre (à gauche) – c'est-à-dire qu'elles ne se sentent pas contraintes – et les entreprises qui choisissent de s'y conformer, par contraintes de la loi (à droite).

L'innovation se situe à la frontière, dans la partie supérieure. Si, au contraire, l'entreprise a intégré *the common law*, par sa propre volonté, elle innovera pour créer de la valeur à la fois pour les actionnaires et

---

1. Roger L. Martin, « The Virtue Matrix, calculating the return on corporate responsibility », *Harvard Business Review,* mars 2002.

pour le « commun ». Il s'agit de la *strategic frontier*. Si l'entreprise a intégré *the commom law* par conformité, l'innovation ne sera pas favorable aux deux, car une contradiction existe, celle « d'innover par force ». Il s'agit de la *structural frontier.*

En s'appuyant sur cette matrice, on voit qu'il y a deux approches de la responsabilité que l'on peut retrouver avec notre exemple des entreprises postales. Même si les quatre postes sont toutes contraintes de fournir un service universel, leur approche de la responsabilité est différente. D'un côté, il y a celles qui s'y conforment car elles le doivent et celles qui s'y engagent par choix, par volonté. On peut caractériser la responsabilité des postes italienne et espagnole par conformité. Elles ont intégré le service universel et s'y reportent conformément à ce qui a été établi. Elles satisfont au minimum la régulation, mais au maximum l'ambition de l'entreprise (d'où augmentation des prix, diminution de la distribution, etc.). Les postes française et allemande, quant à elles, ont plutôt une responsabilité par décision. Elles ont intégré dans leur stratégie le service universel et ont fait le choix d'approfondir et d'offrir un service plus complet que le service universel. Elles satisfont à la fois le régulateur, les consommateurs mais aussi développent les stratégies d'entreprise dans ce sens.

Application de la responsabilité et stratégie d'innovation

Les entreprises orientent leurs activités en fonction de la compréhension qu'elles ont de la responsabilité liée au service universel et de leur volonté d'application. La source de cette dynamique se situe dans la stratégie d'innovation. Lorsque la compréhension de la responsabilité est par conformité, les entreprises n'innovent pas pour renforcer le service universel. Les postes italienne et espagnole ont orienté leur stratégie pour trouver de nouvelles sources de croissance afin de maintenir le service universel.

Cela a eu tout d'abord une conséquence sur la part du chiffre d'affaires de l'activité postale. Par exemple en Italie, 15 % du chiffre d'affaires provient de services qui n'existaient pas il y a trois ans, c'est-à-dire des activités non postales[1]. Le revenu du secteur postal est passé de 70 % en 1998 à un tiers de chiffre d'affaires global en Italie aujourd'hui[2].

---

1. *Fortune,* « Is the Italian post office the next hot IPO ? », 12 juin 2006.
2. AFP, « Entre concurrence et privatisation, les postes de l'UE ont commencé leur mue », 15 octobre 2009.

Lorsque la compréhension de la responsabilité est par conformité, la stratégie d'innovation se consacre à trouver de nouveaux moyens de distribution. En effet, la poste espagnole n'a pas l'obligation de délivrer le courrier à des maisons qui sont à plus de 250 mètres d'une route principale, elle a donc mis en place des boîtes aux lettres communes et développé un nouveau service : *electronic P.O Box* « apartado postal electrónico[1] » qui fournit à chaque citoyen une adresse électronique pour recevoir les courriers des organismes publics et privés en toute sécurité, en garantissant l'authenticité, la confidentialité et la traçabilité des échanges. En incitant les principaux acteurs du courrier à utiliser cette solution électronique, ce service peut devenir un substitut à l'usage du courrier physique. Certes, Correos diminue son engagement vis-à-vis du service universel, mais innove dans les services de substitutions.

Enfin, la stratégie d'innovation s'oriente pour développer de nouvelles activités. Poste Italiane s'est associée avec Vodafone pour lancer le premier opérateur mobile virtuel. Cette offre fournit un accès à une large gamme de services : du SMS à l'appel, du paiement des factures jusqu'à l'envoi de lettre via mobile. Ce partenariat se concrétise par le développement pour Vodafone d'une plateforme qui intègre le système et la création d'une marque PosteMobile SpA. C'est la première offre en Europe qui propose une intégration entre le mobile et des services financiers. Il s'agit d'une réelle révolution dans les services apportés aux clients[2].

Plus étonnant, la Poste Italiane s'est vu confier la gestion des contraventions. Grâce à la modernisation de la plateforme informatique et à un système innovant, Poste Italiane a réussi à alléger les procédures, à effectuer des traitements différenciés et personnalisés en fonction des types de contravention. À ce jour, elle gère 30 millions de notifications et a une capacité d'absorption exponentielle (taux de croissance annuelle de 30 %). Ce service à forte valeur ajoutée a permis de réduire les coûts de gestion et de libérer des ressources pour lancer de nouveaux services[3].

1. The Correos 2008 Annual Report.
2. *Poste Italiane and Vodafone Italia for virtual mobile operator, launch within the year,* April 5, 2007, www.vodafone.com
3. La Lettre le magazine de CSC, *La Poste italienne mise sur les services électroniques pour diversifier ses activités,* 2007.

Ces postes ont innové à la marge du service universel pour trouver de nouvelles sources de croissance afin de maintenir l'activité du service universel au minimum. Elles ont renforcé leurs efforts en dehors de leur cœur de métier initial et se sont créé une identité nouvelle.

Stratégie d'innovation pour renforcer le service universel

Lorsque la compréhension de la responsabilité liée au service universel est par choix, les entreprises cherchent à développer l'activité postale et à garantir un service universel de haute qualité. Ainsi, la stratégie d'innovation se concentre sur le renforcement de l'activité postale. Tout d'abord, les entreprises innovent pour faciliter l'affranchissement et l'envoi de courrier.

Par exemple, l'Allemagne a développé le *Handyporto postage*[1]. Il s'agit d'un service qui permet d'affranchir une lettre via le téléphone mobile. Il suffit d'envoyer par SMS le mot « Karte » ou « Brief » à un numéro spécifique. Un code-barres à douze chiffres est envoyé en retour, qu'il suffit d'inscrire à la place du timbre sur l'enveloppe ou la carte. Service sécurisé et accessible à l'ensemble des utilisateurs, il vient renforcer une large gamme d'offres directement liées à l'activité postale.

Le service de lettre recommandée électronique de La Poste en France permet d'envoyer électroniquement ses courriers à un centre, qui les imprimera, les mettra sous pli, affranchira et les délivrera avec accusé de réception aux destinataires[2]. Cette dématérialisation apporte de nombreux avantages en termes d'accélération des flux, de diminution des coûts de traitement, de baisse des coûts d'affranchissement.

En raison de leur volonté d'application de la responsabilité du service universel, les postes allemande et française cherchent à garantir un service de qualité, mais également à apporter des services à plus forte valeur ajoutée.

Ainsi, en termes d'accessibilité et de continuité du service, la Deutsche Post a conçu des automates : Post24/7[3]. Ces points de contact client proposent les services de base de manière continue (24h/24 et 7j/7).

---

1. http ://www.deutschepost.de/dpag ?tab=1&skin=hi&check=yes&lang =de_EN&xmlFile=link1014602_1014517

2. http ://www.ebusiness.info/guide.php3 ?societe=12889

3. http ://www.deutschepost.de/dpag ?tab=1&skin=lo&check=no&lang= de_DE&xmlFile=link1011816_1011798

Ainsi, il est possible de poster sa lettre, mais surtout d'acheter timbres et enveloppes n'importe quand, n'importe où. Ces automates sont en train de se développer dans les villes principales d'Allemagne, mais ont pour ambition d'être généralisés sur l'ensemble du territoire.

De son côté, en France, La Poste a développé de nouveaux services en ligne et de personnalisation. Le site Internet Monbureaudeposte. laposte.fr permet d'effectuer toutes les opérations possibles et devient complémentaire du bureau de poste ou du service client. Il ne s'agit pas d'un substitut, mais plutôt d'une valorisation de l'offre initiale. Montimbreamoi.fr[1] est un site qui propose un nouveau rapport au courrier par la personnalisation et l'impression à domicile du timbre. L'envoi d'un courrier devient réellement un acte personnalisé du service, qui pourtant reste universel.

En conclusion, lorsque les entreprises postales intègrent les contraintes réglementaires par choix, elles ont une compréhension de la responsabilité qui s'inscrit dans la lignée du service universel. Les innovations sont alors déployées pour être au service de cette ambition et valoriser l'activité.

■ IMPACT DE LA RESPONSABILITÉ SUR LA STRATÉGIE D'INNOVATION

Starbucks, Française des jeux mais aussi bien Orange et GDF ou Ben & Jerry's sont des entreprises très différentes les unes des autres, que ce soit à travers leur secteur d'activité, leur histoire, leur organisation. Toutes ont en commun leur performance, leur croissance sur plusieurs décennies. Toutes partagent une histoire, où la responsabilité est au cœur de l'offre. Les nouveaux entrants venus pour les concurrencer ne peuvent rivaliser avec cet ADN de responsabilité qu'ils ont déployé. Dunkin's Donut, Columbus Café ou encore Coffee and Beans ne peuvent au mieux que s'aligner dans ce domaine sur Starbucks, sans pour autant réussir à l'atteindre. Häagen Dasz est certainement une glace d'une excellente qualité, mais le positionnement alliant excellente qualité, innovation et responsabilité est clairement signé Ben & Jerry's. De son côté, GDF Suez réussit à maintenir son *business as usual* tout en

---

1. http://monbureaudeposte.laposte.fr/accueil.html

développant son positionnement d'innovation sociétale ; dans bien des cas, ce sont des innovations que nous qualifierions de responsables et qui recouvrent la gestion de transitions sociales, économiques et environnementales, qui sont finalement le contenu du développement durable. Orange Healthcare, de son côté, tente de ne pas imposer ses opportunités technologiques préférant une mise en œuvre acceptée et acceptable pour les patients. C'est certainement différent pour la Française des jeux dont la conscience d'une innovation-responsable est plus récente. Il n'empêche que ses investissements et ses actions engagées font qu'elle distancie ses concurrents nouveaux entrants, qu'ils soient BetClic, Winamax ou autres.

Non seulement la responsabilité offre un positionnement singulier, mais elle permet d'impacter les politiques d'innovation. Et c'est ce que nous avons pu comprendre, peut-être paradoxalement, à l'endroit du service public marchand qui fait évoluer la notion d'innovation-responsable. Contrairement aux résultats de certaines enquêtes, ce n'est pas à proprement parler la régulation et sa responsabilité associée qui pourraient freiner l'innovation, mais plutôt la compréhension de la responsabilité et sa volonté d'application. En l'occurrence pour les exemples que nous avons vus, lorsque la compréhension de la responsabilité se fait par conformité à la loi, les entreprises postales choisissent d'innover sur d'autres activités car il est de leur responsabilité d'assurer une rentabilité de l'entreprise. Alors que, lorsque la compréhension de la responsabilité se fait par choix, les entreprises postales cherchent à renforcer cette responsabilité et à innover sur cet axe.

Ainsi, quels que soient les organismes, les régulations, les contextes, s'il reste des barrières quant à l'implication forte de la responsabilité dans les processus d'innovation, elles restent essentiellement psychologiques. À la fois les démonstrations, les recherches, les exemples nous montrent en effet sans appel que la responsabilité considérée non comme une contrainte, mais une opportunité permet d'accroître tout autant sa capacité d'innovation que sa performance économique. Reste donc à savoir comment intégrer pleinement la notion de responsabilité dans les structures managériales en charge de l'innovation. Plus largement, comment inculquer dans les organisations cette culture de l'innovation-responsable.

4

Articuler culture d'innovation et culture de responsabilité

« Nous ne sommes qu'une poussière pensante[1]. »

Joseph Chaumié

Le chapitre précédent nous a permis de comprendre la nécessité de mêler performance et responsabilité pour être entendu sur ce dernier thème. Seule une démonstration de résultats positifs sur la performance incitera les entreprises à se préoccuper de la responsabilité dans l'innovation. Autrement dit, quand bien même nous pourrions souhaiter que les dirigeants pensent la responsabilité spontanément pour la protection et le bien-être des individus, il s'avère que les contraintes économiques, actionnariales auxquelles ils sont soumis semblent les en empêcher. C'est donc bien par le prisme de la performance que les dirigeants viendront se préoccuper de ce thème. Et plus précisément, c'est à travers l'innovation que cela est rendu possible. C'est elle qui développe la croissance de l'entreprise et c'est auprès d'elle que l'on se doit de regarder comment il est possible d'être à la fois responsable et capable de dégager des opportunités d'innovation, d'articuler une culture de l'innovation et une culture de la responsabilité. Nous proposons ici de souligner trois voies pour innover-responsable : l'entreprise, le manager, la gouvernance.

---

1. Phrase tirée du discours de Joseph Chaumié, ministre de l'Instruction publique et des Beaux-Arts lors de l'inauguration du pendule du physicien Foucault, une innovation scientifique au retentissement mondial puisque l'expérience du « pendule de Foucault » est conçue pour mettre en évidence la rotation de la Terre par rapport à un référentiel galiléen. L'événement eut lieu le 22 octobre 1902, en présence de l'astronome Camille Flammarion et du président de la République Raymond Poincaré. Cf. François Morin, *La Vie publique de Joseph Chaumié*, Éditions du Grangé, 2011, p. 8.

▧ DEVENIR UNE ENTREPRISE RESPONSABLE ET INNOVER EN CINQ ÉTAPES

La plupart des managers considèrent spontanément que prendre en compte la responsabilité dans le processus d'innovation est plus un frein qu'une opportunité. Ils se disent qu'ils doivent choisir entre le développement durable, la responsabilité et les profits. Nous avons montré que se concentrer sur la responsabilité n'entame en rien le développement des entreprises, sa croissance et ses innovations, bien au contraire[1]. Pour qu'une entreprise intègre cette démarche consistant à lier performance, innovation et responsabilité, un processus en cinq étapes doit être suivi.

CONSIDÉRER LES OBLIGATIONS LÉGALES COMME UNE OPPORTUNITÉ

La première étape consiste à anticiper les législations légales à venir sans attendre d'y être contraint. Il s'agit de mettre en œuvre, dès que possible, une obligation réglementaire à venir qui obligera l'entreprise dans un futur proche à changer de méthode. Pour résumer, c'est faire le « bien » avant les autres. En anticipant sur la législation, l'enjeu est de se démarquer de ses concurrents, d'être le premier à bouger, à innover sur un aspect qui devra concerner tous les acteurs du marché. Ainsi, dans les années 1990, Hewlett Packard était conscient que le cuivre utilisé dans les composants électroniques était particulièrement toxique. Anticipant une possible régulation sur cet usage, le département R&D a travaillé pendant une dizaine d'années sur un substitut mélangeant argent, étain et cuivre. Une directive européenne est sortie en ce sens au 1er juillet 2006 et HP a clairement pu prendre de l'avance sur ses concurrents.

---

1. Rangaswami, « Sustainability the Key Driver of Innovation », *Harvard Business Review*, 2009.

ÉTAPE 1
Regarder la conformité comme l'opportunité
L'ÉPREUVE CENTRALE
• Garantir que la conformité aux normes devient une opportunité pour l'innovation
LES COMPÉTENCES REQUISES
• La capacité à anticiper et façonner la réglementation • L'habileté à travailler avec d'autres sociétés, y compris les concurrents, à mettre en œuvre la création de solutions
LES OPPORTUNITÉS D'INNOVATION
• Utiliser la conformité à inciter l'entreprise et ses partenaires pour expérimenter des technologies durables, des matériaux et des procédés

CRÉER UNE CHAÎNE DE VALEUR RESPONSABLE

L'enjeu de la deuxième étape est d'être proactif quant à l'ensemble de son écosystème et en particulier ses fournisseurs. Le propos est de construire une chaîne de valeurs, où l'ensemble des acteurs, des organisations, est tourné vers la responsabilité. Ainsi, en 2008, Wal-Mart a obligé ses fournisseurs chinois à réduire leurs émissions de CO_2 de 5 % d'ici à 2013 et d'accroître l'efficience de leur production énergétique de 25 % en trois ans. Pour garantir la réelle application de ces volontés, Wal-Mart a développé un processus en trois phases :

1. Bilan initial des comportements et actions de ses fournisseurs. Les enjeux sont :

    a. partager les engagements pris et les objectifs avec les équipes managériales du partenaire ;

    b. apprécier et renforcer le système de la gestion environnementale du fournisseur (analyse des performances de l'usine).

2. Vérification des engagements pris :

    a. vérifier l'efficacité du système de la gestion des fournisseurs (que met en œuvre le fournisseur, quelle surveillance dans les usines) ;

    b. accroître la capacité du fournisseur à surveiller les usines (suivre l'audit, fournir des recommandations, etc.).

3. Incitation auprès des fournisseurs à développer leurs engagements à travers d'autres usines, d'autres territoires :

a. faciliter le développement des usines du fournisseur (connaissance juridique, institutionnelle permettant ses implantations, incitations financières) ;

b. contribuer à résoudre les problématiques de performances des usines du fournisseur sur des nouveaux lieux (contribution à l'analyse des performances et ajustements).

ÉTAPE 2

Faire des chaînes de valeurs durables

L'ÉPREUVE CENTRALE
- Accroître l'efficacité tout au long de la chaîne de valeurs

LES COMPÉTENCES REQUISES
- L'expertise dans les techniques telles que la gestion du carbone et cycle de vie d'évaluation
- La capacité à concevoir de nouveau les opérations, à utiliser moins d'énergie et d'eau, à produire moins d'émissions et moins de déchets
- La capacité de s'assurer que les fournisseurs et les détaillants mènent leurs opérations écologiques

LES OPPORTUNITÉS D'INNOVATION
- Développer des sources durables de matières premières et composants
- Développer l'utilisation des sources d'énergie propres comme l'énergie éolienne et solaire
- Trouver des utilisations innovantes pour des produits retournés

---

ÉLABORER DES PRODUITS ET DES SERVICES RESPONSABLES

La troisième étape est destinée à créer, dessiner, mettre sur le marché des produits ou des services favorisant un comportement responsable. L'enjeu est de proposer aux consommateurs de changer leurs habitudes au profit de produits « responsables ». Ainsi, Procter et Gamble a investi un budget conséquent en Recherche et Développement pour trouver une lessive qui permet de laver à l'eau froide (Tide Coldwater au États-Unis, Ariel Cool Clean en Europe). Autre exemple avec l'Éco-Pass de la division de Sodexo Motivation Solutions. Cette division propose notamment aux entreprises d'offrir à leurs employés des chèques qu'elles financent en partie, parfois avec une défiscalisation, pour une utilisation dans un restaurant, pour un service à la personne, pour des vacances, etc. En 2010, sur le territoire belge, Sodexo lance les chèques Éco-Pass. Ils possèdent les mêmes caractéristiques que les précédents, si ce n'est qu'ils ne peuvent être utilisés que pour l'achat de produits et de services éco-citoyens. Que ce soit pour l'alimentation, les produits ménagers, l'installation de panneaux solaires, un stage d'éco-conduite, un équipement ménager, etc. Chaque chèque est utilisable dès lors que le produit ou le service est conforme à une démarche éco-citoyenne. Que ce soit en termes d'émissions de CO_2, de recyclage, de durabilité, etc.

Cette innovation est intéressante en termes de mesure puisque l'on peut noter les impacts de ces chèques tant d'un point de vue économique (macro et micro), écologique (l'empreinte carbone par exemple) que sociétal (satisfaction des bénéficiaires).

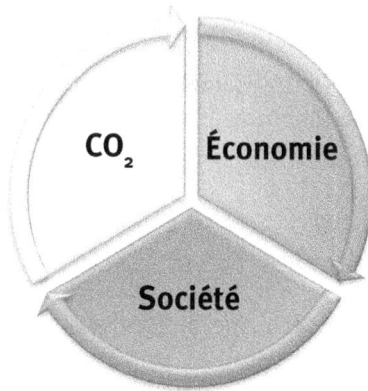

L'ensemble des acteurs trouve son bénéfice dans un tel programme. Les entreprises peuvent motiver, rémunérer leurs employés grâce à l'Éco-Pass dont ils ne payent pas de charges. Les employés, quant à eux, bénéficient d'une rémunération sans impôt tout en participant à une consommation éco-citoyenne. Enfin, les partenaires de l'opération y voient la possibilité d'accroître leur chiffre d'affaires et de générer du trafic. Même les autorités gouvernementales y trouvent plusieurs intérêts : apaiser les relations sociales avec les syndicats, stimuler la dépense des ménages, répondre à des préoccupations environnementales, jouer un rôle pédagogique dans la société, etc.

ÉTAPE 3
Concevoir les produits et les services durables

L'ÉPREUVE CENTRALE
- Développer les produits durables ou retoucher ceux qui existent déjà à devenir écologiques

LES COMPÉTENCES REQUISES
- Les compétences nécessaires pour savoir quels produits ou services sont les plus hostiles à l'environnement
- La capacité à entraîner un réel soutien du public pour des produits durables et ne pas être considéré comme « éco-blanchiment »
- La gestion du savoir-faire pour classifier les fournisseurs des matières écologiques et la fabrication des produits

LES OPPORTUNITÉS D'INNOVATION
- Appliquer les technologies telles que la biomimicry dans le développement du produit
- Développer l'emballage compact et écologique

DÉVELOPPER DE NOUVEAUX *BUSINESS MODELS*

Le but de la quatrième étape est de repenser l'ensemble de la chaîne de valeurs jusqu'à la proposition auprès du consommateur final. L'enjeu est cette fois d'impliquer autant les fournisseurs que les clients dans la façon de consommer différemment. Ainsi, FedEx a lancé un nouveau service, Kinko, dont le but n'est pas tant de transporter un document que de l'imprimer au plus près possible du destinataire pour éviter le poids du transport. Même chose pour La Poste qui a lancé sa lettre recommandée électronique. Envoyée par Internet, La Poste imprime, met sous pli et affranchit la lettre recommandée. Le facteur la remet ensuite en main propre au destinataire. Dans ces deux cas très similaires, le *business model* se réinvente car les fournisseurs, les clients comme l'entreprise elle-même modifient tant leur offre que leur facturation. Le service de La Poste n'est plus tant de transporter un courrier que de l'imprimer. Les objectifs sont bien d'éviter des transports inutiles, de pondérer l'usage de l'aérien, notamment lorsqu'on envoie un courrier d'un pays à l'autre et surtout quand le contenu de la lettre est bien sûr plus important que son envoi. C'est aussi la voie sur laquelle s'engage la SNCF avec Distripolis, présenté comme « un nouveau mode d'organisation du transport urbain de marchandises[1] ». Distripolis est un livreur tout ce qu'il y a de plus classique, mais l'ensemble de la flotte est composé d'une gamme de véhicules électriques et sa chaîne de distribution fait appel à un maillage de huit bases logistiques réparties dans Paris, sa première ville d'exploitation. En effet, à Paris, le transport de marchandises représente 20 % de la circulation, l'enjeu est donc de réduire les émissions de dioxyde de carbone tant par les véhicules que par le maillage logistique. Dès la première année de lancement en 2011, la réduction est de 365 tonnes de CO_2, c'est-à-dire une réduction de 18 % par rapport à la filiale classique de transport Geodis. À terme la réduction sera de 1 747 tonnes, soit une diminution de 85 % par rapport à la situation actuelle.

Ces développements montrent la possibilité de créer de nouveaux *business models* comme d'améliorer les existants. Ainsi, FedEx, loin de se contenter d'innover sur ses produits, a aussi innové d'un point de vue organisationnel. Récemment, l'entreprise a mis en œuvre le programme « Fuel Sens » dont l'enjeu est de remplacer son ancienne flotte par des Boeing 757 qui permettent de réduire la consommation de carburant de près de 36 %, tout en augmentant ses capacités de 20 %. De plus, FedEx a développé pas moins d'une dizaine de logiciels afin d'optimiser plannings et trajets de vols, mais aussi d'utiliser dans certains cas la production d'énergie solaire pour ses centres en Californie et en Allemagne.

Autre innovation organisationnelle, celle d'IBM qui a mis en place de façon massive le télétravail qui représente aujourd'hui 25 % de ses 320 000 employés. Cette organisation favorise une augmentation de la productivité, la satisfaction au travail, mais a également un impact non négligeable sur les conditions de travail et l'environnement par la suppression d'un très grand nombre de déplacements de la part des employés, etc.

---

1. *Les Échos* du 28 août 2011.

ÉTAPE 4

Développer les nouveaux modèles d'affaires

L'ÉPREUVE CENTRALE

- Trouver de nouvelles façons de délivrer et acquérir de la valeur, ce qui va changer la base de la concurrence

---

LES COMPÉTENCES REQUISES

- La capacité de comprendre ce que veulent les consommateurs et de trouver des façons différentes pour répondre à ces exigences
- La capacité de comprendre comment les partenaires peuvent accroître la valeur de l'offre

---

LES OPPORTUNITÉS D'INNOVATION

- Développer les nouvelles *delivery technologies* qui changeront la relation de valeur-chaîne d'une façon significative
- Créer les modèles de monétisation qui rapportent à des services plutôt que des produits
- Inventer les modèles d'affaires qui combinent des infrastructures numériques et physiques

---

CRÉER DE NOUVELLES PLATES-FORMES RESPONSABLES

La cinquième et dernière étape d'intégration de l'innovation-responsable est de dépasser un peu plus la création de nouveaux *business models*. Le challenge, ici, est de penser de nouveaux paradigmes comme la Grameen Bank – littéralement « Banque des villages » –, spécialisée dans le micro-crédit. La banque prête de toute petites sommes aux personnes les plus démunies souhaitant néanmoins développer une petite entreprise, un artisanat, etc. Ce sont essentiellement les femmes (97 %) qui sont concernées car elles peuvent avoir un meilleur accès aux ressources ainsi qu'une meilleure participation aux décisions.

De façon concrète, la Grameen Bank a pu analyser que la moitié des emprunteurs au Bangladesh (près de 50 millions) sont sortis de la pauvreté grâce à leurs emprunts. Ce qui veut dire que les enfants sont scolarisés, que les membres d'une famille mangent trois repas par jour, ont des sanitaires, une maison étanche, accès à l'eau potable, et sont capables de rembourser leur emprunt. Car, en dépit de la faible fiabilité *a priori* des emprunteurs, le taux de remboursement de la Grameen Bank dépasse les 98 %.

Ce système est paradigmatiquement différent de tout autre système de crédit : la Grameen Bank est détenue à 94 % par des emprunteurs pauvres et seulement à 6 % par le gouvernement du Bangladesh. En octobre 2007, cette banque comptait 7,34 millions d'emprunteurs, 24 703 employés, avec 2 468 antennes couvrant 80 257 villages. Depuis sa création en 1983, la banque a accordé plus de 4,3 milliards d'euros.

ÉTAPE 5

Créer la prochaine plate-forme de pratique

L'ÉPREUVE CENTRALE

- Interroger la logique dominante derrière le business d'aujourd'hui à travers la lentille de durabilité

LES COMPÉTENCES REQUISES

- Connaître comment les ressources renouvelables et non renouvelables affectent les écosystèmes d'affaires et des industries
- Pouvoir synthétiser les modèles d'affaires, des technologies et des réglementations dans les différents secteurs

LES OPPORTUNITÉS D'INNOVATION

- Créer des plates-formes d'affaires qui permettront aux clients et aux fournisseurs de gérer l'énergie d'une façon radicalement différente
- Développer les produits qui n'auront pas besoin d'eau dans les catégories traditionnellement associées, tels que les produits de nettoyage
- Créer les technologies qui permettront aux entreprises d'utiliser l'énergie produite comme un produit dérivé

Ce que veut montrer ce processus de l'innovation-responsable à travers ces étapes, c'est que l'on ne décide pas d'une heure à l'autre de « devenir » responsable pour une entreprise. Cela s'établit dans un ordre de priorités à suivre. C'est tout le propos de ces cinq axes qui aident à positionner son entreprise comme innovante et responsable, que ce soit au premier niveau, lors de l'anticipation d'une contrainte réglementaire à l'innovation de nouveaux *business models*. Ce sont les voies à suivre pour, d'une part, avoir un discours qui ne soit pas accusé de « *greenwashing* », superficiel, mais également pour entamer une démarche où l'innovation-responsable sera destinée à générer innovations, croissances et performances.

ÉTAPE 1	ÉTAPE 2	ÉTAPE 3	ÉTAPE 4	ÉTAPE 5
Regarder la conformité comme l'opportunité	Faire des chaînes de valeurs durables	Concevoir les produits et les services durables	Développer les nouveaux modèles d'affaires	Créer la prochaine plate-forme de pratique

■ LE RÔLE DU MANAGER INNOVANT ET RESPONSABLE [1]

DÉPASSER LE *DO NO HARM* ET VISER LE *DO GOOD*

La question du rôle du manager est évidemment clé dans le dispositif d'une innovation-responsable. Et il importe de s'interroger sur la compréhension du manager face à ses actes possiblement responsables. Pour le comprendre, il s'agit de poser deux notions qui sont : « ne pas nuire » et « agir positivement ». Celles-ci excluent évidemment les actions d'un manager qui agirait en ayant pleinement conscience de « mal faire ». L'innovation-responsable n'a pas à s'interroger sur le changement des mentalités ou sur la moralité que tel ou tel individu doit avoir.

Le tableau ci-après souligne l'écart entre « ne pas nuire » et « agir positivement ». « Ne pas nuire » est ce que tout un chacun va naturellement appeler un « comportement responsable » : respecter des conventions légales, se conformer aux règles sans aller au-delà des lois. C'est être « honnête » quant à ce qui est fait en termes d'émissions de CO_2, de politique de recyclage, etc. Le tableau souligne ces aspects :

- minimiser son empreinte carbone ;
- créer des emplois ;
- se conformer aux lois ;
- etc.

© Groupe Eyrolles

1. Esben Rahbek Pedersen, « Modelling CSR : How managers understand the responsibilities on business toward society », *op. cit.* Table II : Key groups of societal responsibilities.

« Ne pas nuire », c'est aussi avoir un comportement responsable minimal car on ne fait que se conformer aux lois. On agit moins avec conscience des effets que cela peut produire qu'au regard de ce que l'on nous dit de faire. Cela est donc différent de ce qu'est « agir positivement ». Dans ce dernier cas, le manager n'a pas seulement conscience des lois ou des possibles conséquences, il fait en sorte de modifier ses actions, ses enjeux, en vue de faire « plus » que ce qui lui est demandé. Ainsi, parmi les exemples que nous avons déjà cités, on peut noter McDonald's qui a cherché à travailler avec un réseau de fournisseurs locaux sans en avoir l'obligation. Ou Starbucks qui a offert des formations aux petits producteurs sans avoir à y retirer un avantage particulier et sans obligation réglementaire particulière. C'est aussi :

- développer des produits ou services « éthiques » ;
- contribuer au bien-être de la communauté ;
- agir en allant plus loin que les lois et les régulations ;
- etc.

		Inoffensif /ne pas nuire	Perspective	La force positive
Environnement		Minimiser l'empreinte environnementale	←→	Être à la pointe de l'innovation durable
Produits		Être un produit axé sur le marché et un fournisseur de services	←→	Développer et mettre des produits et services éthiques sur le marché
Employés	Problème/Partie prenante	Créer des emplois et assurer la santé et la sécurité	←→	Investir dans l'éducation, le développement et la diversité de carrières
Communautés		Éviter des impacts négatifs sur les communautés locales	←→	Contribuer au bien-être de la communauté
Gouvernement		Se conformer aux règles et aux réglementations	←→	Aller au-delà des règles et règlements
Actionnaires		Maximiser la valeur à court terme pour les actionnaires	←→	Maximiser la valeur à long terme pour les actionnaires
Parties prenantes		Répondre aux attentes des principales parties prenantes	←→	Répondre aux attentes des principales
Société		Être un membre accepté de la société	←→	Être un membre respecté de la société

Pour résumer, on peut ainsi dire qu'un manager doit agir « bien », c'est-à-dire conformément aux lois, aux réglementations, aux contraintes qui lui sont imposées par les gouvernements, les institutions où il opère. Mais le propos est aussi que le manager peut également agir « mieux », c'est-à-dire aller au-delà des obligations qui le contraignent. Agir « mieux », c'est agir activement pour un monde plus responsable. Ainsi, dans ses actes, ses produits, ses services, les processus qu'il met en place, le manager ne cherche pas et ne doit pas simplement s'interroger sur sa « bonne » conformité, mais se demander s'il peut encore faire mieux pour son bien-être comme pour celui de sa communauté. Intégrer des processus de contrôle, de suivi d'innovation dans ses usages, dans ses développements, etc. C'est agir au-delà de ce qui est réglementairement nécessaire.

En faisant une analogie avec les propos du philosophe Michel Foucault, le manager doit « se façonner soi-même comme sujet éthique[1] ». D'autant plus quand il est innovateur, serions-nous tentés d'ajouter. Même s'il y a tout lieu d'argumenter que l'innovation concerne l'ensemble de l'entreprise, à l'évidence l'innovateur, le dirigeant, le marketing sont les acteurs de la mise sur le marché d'un nouveau produit ou service. Ils sont ceux qui sont au plus près du marché, des citoyens et de leur mode de vie. Chacune de leur action doit non seulement être pensée en termes d'impacts économique ou concurrentiel, mais des conséquences sur tout un chacun.

C'est bien le manager qui avant tout peut provoquer l'innovation-responsable et non l'entreprise en tant que telle qui n'est dotée ni d'existence et encore moins de raison ou de conscience. C'est bien l'individu qui innove et lui-même qui décide d'une mise en œuvre. Il ne s'agit pas d'attendre que d'autres aient conscience pour nous. C'est bien l'innovateur qui se doit de porter la conscience des risques, comme des opportunités, d'innover. C'est bien lui qui doit être porteur d'un certain message de prévention.

Ce qu'est « ne pas nuire », comment faire « le bien »

Le schéma ci-après souligne quatre catégories sociales et montre à quels endroits va se situer le *do good*[2] par rapport à son rôle de base qui est d'être un acteur économique :

---

1. Michel Foucault, « Usage des plaisirs, techniques de soi », *op. cit.*, p. 1365.
2. Archie Caroll, « A three dimensional conceptual model of corporate performance », *Academy of Management Review*, vol. 4, n° 4, p. 497-505.

Les responsabilités
discrétionnaires, enfin,
sont les responsabilités à
propos desquelles la société
n'émet pas de message clair,
mais qui vont au-delà de ce qui
est attendu par la société.

Les responsabilités éthiques représentent
des comportements et des activités qui ne
sont pas nécessairement codifiés légalement,
mais les parties prenantes de la société s'attendent
à les voir assurer par l'entreprise.

Les responsabilités légales constituent les obligations
légales codifiées dans un cadre réglementaire
que doit respecter l'entreprise.

L'entreprise a clairement une responsabilité économique sans
laquelle elle n'existe pas. Elle est une unité économique
qui produit biens et services désirés par la société en faisant du profit.

Do no harm et *Do good* régissent donc des comportements face à des actions possibles. Ainsi, « ne pas nuire », c'est bien respecter les conventions législatives, c'est se conformer strictement aux règles. Une entreprise qui se conforme aux lois sur le recyclage par exemple, qui accepte les règles de la régulation, qui respecte les règles de sécurité, etc., est une entreprise qui ne nuit pas, qui est dans ce *do no harm*. Ce n'est donc pas pour autant qu'elle défend telle ou telle valeur de développement durable par exemple, ni qu'elle applique l'innovation-responsable. Elle applique simplement la loi.

Le choix du *do good* n'est pas sans ambiguïté puisque, outre sa définition, il s'agirait d'analyser dans ses moindres détails les comportements de telle ou telle entreprise. Ce qu'il faut souligner, c'est donc des actions, des comportements qui relèvent de la volonté de « faire le bien » et qui dépassent le cadre de la loi.

Le cas McDonald's

Depuis sa création à la fin des années 1930, McDonald's n'a eu de cesse de croître dans le monde jusqu'à occuper la place de n°1 mondial du *fast-food*. L'enjeu a toujours été d'être le plus important en termes de nombre de restaurants, le plus vu en termes de publicité, le plus connu en termes de notoriété, le plus puissant en termes de chiffre d'affaires. McDonald's réussit à se hisser au rang de n°1 mondial du *fast-food,* mais, en 2003, il enregistre ses premières pertes historiques. Et alors que le groupe ouvrait jusqu'à 2 000 restaurants chaque année, il s'aperçoit qu'il est aussi devenu le n°1 du *fast-food* bon marché très calorique, c'est aussi le n°1 de l'implantation géographique à l'excès, le n°1 de la nourriture mécanisée, etc. Il représente alors le *block-buster* américain qui s'impose sur tous les marchés nationaux, déconsidérant les spécificités locales, méprisant presque autant ses clients que ses fournisseurs. Pour résumer, McDonald's à cette époque, c'est quasiment la caricature qui en est faite dans le document de Morgan Spurlock, *Super Size Me*[1]. Les dirigeants de McDonald's doivent alors réagir et, s'ils ont toujours eu une politique *Do not harm* car ils se sont toujours conformés à la loi, ils doivent se réinventer en investiguant plusieurs axes *Do good* qui s'articulent dans l'ensemble de l'entreprise :

- en termes de **produit**, McDonald's s'est lancé dans une refonte de sa gamme cherchant à se départir de l'image « hamburger-frites-cola ». Les offres de salades qui avaient déjà été lancées il y a quelques années ont été drastiquement développées avec l'ajout de concepts de bars à salade. Des fruits coupés sont apparus, des marques d'eau, de thé ont été référencées, etc. Le sacro-saint Big Mac a même été revu pour la France avec du pain complet. Les équipes de R&D ont planché sur l'huile de friture pour améliorer le mix d'acides gras (sans toucher au goût des frites qui, de plus, ont vu leur taux de sel diminué). Pour les enfants, le célèbre Happy Meals est calibré à 375 calories avec des Nuggets, des tranches de pommes de terre et du lait ;

- en termes de **design**[2], les restaurants ont été revus entièrement tant à l'intérieur (lampes basses, abat-jour, espaces *lounge* avec

1. Documentaire *Super Size Me*, réalisé par Morgan Spurlock, 7 mai 2004.
2. Eric Bourgeois, Director European Restaurant Development & Design Studio, McDonald's « L'histoire d'une reconquête, d'un restaurant pour tous d'un restaurant pour chacun : le cas McDonald's », *Les Mercredi d'ESSEC-ISIS/La Poste*. Paris 7 octobre 2009.

fauteuils confortables, etc.) qu'à l'extérieur (alliages de bois, d'aluminium). Le *design* extérieur a cherché non plus à être reconnu à plusieurs centaines de mètres, mais au contraire à se fondre dans les décors à travers un vert sombre pour le logo, moins agressif que le rouge ;

- l'aspect *design* vient renforcer la volonté d'offrir une **expérience consommateur** singulière, que ce soit dans l'accessibilité, qui est repensée avec le développement des bornes de commandes, mais aussi dans une expérience plus conviviale et disponible tout au long de la journée avec l'essor des McCafé, où le Wifi, comme dans les restaurants, est accessible gratuitement ;

- du côté des **fournisseurs**, McDonald's a repensé l'ensemble de ses approvisionnements en sélectionnant un nombre croissant de producteurs locaux. De plus, pour prouver son engagement dans les produits sains, il n'hésite pas à inviter ses clients à découvrir, lors de « Journées Témoins Qualité », les lieux de production des produits, à suivre les principales phases de transformation et à échanger avec les différents acteurs des filières d'approvisionnement ;

- la politique **Environnement et Développement durable** est plus ancienne puisque, dès 1992, McDonald's s'est notamment engagé à lutter contre les changements climatiques (le bilan carbone de 2008, par exemple, a révélé une baisse de 8 % des émissions de gaz à effet de serre sur le périmètre lié à l'activité des restaurants entre 2005 et 2008). Un autre objectif dans ce domaine est la maîtrise des nuisances occasionnées par l'activité des restaurants. À ce titre, McDonald's a mis en œuvre un processus dédié à récupérer les emballages abandonnés autour des restaurants. Enfin, la préservation des ressources naturelles est aussi un enjeu ; McDonald's a notamment créé un outil de pilotage, EcoProgress, dont l'objectif est de mesurer la démarche environnement, en particulier les consommations énergétiques des restaurants ;

- enfin, et de façon non négligeable, McDonald's s'est réinventé aussi en tant qu'**employeur**. Le *Great Place to Work Institute* France a classé pour 2010 McDonald's en troisième position des entreprises de plus de 500 salariés « où il fait bon travailler ». Cela souligne plusieurs actions que McDonald's a mises en œuvre, et particulièrement : le recrutement local, l'embauche de plusieurs centaines de personnes présentant un handicap, la formation continue (qui représente un investissement de 3 % de la masse salariale et un centre de formation qui reçoit plus de 5 000 salariés-stagiaires par an), la promotion interne et la certification des compétences. À noter également que McDonald's a mis un accent particulier sur le recrutement des femmes : dans les restaurants, les équipiers femmes représentent 61 % des effectifs et le siège est également majoritairement composé de femmes, notamment dans le top management.

Depuis dix ans, la stratégie McDonald's est claire, ce n'est plus être le plus gros, mais être le meilleur : face aux clients, aux employés, aux fournisseurs, c'est-à-dire à l'ensemble de son écosystème. En se réinventant de façon « glocale », c'est-à-dire en mélangeant un concept mondial avec des spécificités locales, McDonald's a réussi à sortir du *fast-food* pour devenir un restaurant. C'est l'innovation-responsable avec une volonté *do good* qui est au cœur de ce repositionnement. Le concurrent de McDonald's n'est plus Quick, KFC, ni même Subway – qui lui a ravi sa place mondiale de n°1 en termes de restaurant –, c'est notamment Starbucks, qui depuis le début de son histoire s'est en permanence réinventé en ayant pour fil rouge l'innovation-responsable. La stratégie initiée en 2003 par McDonald's fonctionne. Notons que, dès 2009, le roi du burger a dévoilé des bénéfices en hausse de 80 % sur un an, 240 nouvelles ouvertures ont été savamment orchestrées et 12 000 nouveaux emplois ont été créés.

▦ L'IMPORTANCE D'UNE GOUVERNANCE[1]

Ne pas stigmatiser, ne pas ralentir l'innovation et dans le même temps la surveiller : quelles gouvernances pour l'innovation-responsable ? Quelles possibles régulations ?

Le problème avec l'incertitude de l'innovation, c'est l'interdépendance entre temps et diffusion. Une nouvelle technologie mise sur le marché

1. Nous nous appuyons ici notamment sur le rapport sur l'innovation-responsable rédigé par Mlle Pauline Gandré de l'ambassade de France au Royaume-Uni – Service pour la Science et la Technologie. Juin 2011.

se déploie dans un temps dissocié du temps d'évaluation des risques. Ainsi, plusieurs années se sont écoulées entre la mise sur le marché des téléphones portables et les conclusions scientifiques quant aux possibles impacts sur la santé. Cet écart temporel est l'un des enjeux majeurs de l'innovation-responsable puisque la surveillance de l'évolution de l'innovation, de ses conséquences possibles est fondamentale et se doit d'être portée par une gouvernance extérieure à l'entreprise qui aura la capacité d'obliger la décision de la retirer du marché.

C'est le cas typique de l'amiante. Celle-ci est utilisée par les industriels à la fin du xixe siècle en raison de sa résistance à la chaleur, à la tension, aux agressions électriques et chimiques, et grâce à son pouvoir absorbant. Bien que les dangers considérables de l'amiante aient été identifiés clairement dès le début du xxe siècle, des comités lobbyistes financés par des industriels proamiante sont constitués et il faudra attendre le milieu des années 1980 et 1990 pour que l'utilisation de l'amiante soit interdite dans de nombreux pays[1]. C'est seulement en 2005 qu'apparaît une directive européenne qui interdit l'amiante dans tous les États membres. L'utilisation de l'amiante à ses débuts n'est pas condamnable puisqu'il n'y avait aucune information quant à ses effets néfastes. Il n'empêche que, sans gouvernance, dès lors que les problèmes sont survenus, les industriels ont cherché à maintenir leur innovation sur le marché. Une gouvernance, une régulation plus forte ou un suivi de l'évolution de l'amiante dès ses débuts par un organisme indépendant, mais faisant autorité, aurait certainement limité le nombre de victimes.

La gouvernance, c'est aussi poser les enjeux de la régulation entre bénéfices pour les uns comme pour les autres. C'est le cas notamment des brevets, de la propriété intellectuelle qui recouvrent un aspect non négligeable de l'innovation-responsable. À titre d'exemple, la société Myriad Genetics a pu déposer un brevet à propos de deux gènes qui prédisposent au cancer du sein. Ces brevets incluaient l'entière exclusivité dans tous les tests de dépistage de ces gènes alors que dans le même temps, en France, l'Institut Curie avait mis au point un test de dépistage plus fiable et moins coûteux. Si les premiers brevets ont finalement été invalidés, il n'empêche que la question de la responsabilité

---

1. Roger Lenglet, *L'Affaire de l'amiante*, La Découverte, 1996.

est partie liée avec les découvertes scientifiques des laboratoires privés et seule la question de la gouvernance peut anticiper ces difficultés.

Autre contexte avec les organismes génétiquement modifiés (OGM). Souvent décriés en France, ils ont été initialement développés pour un avantage considérable : offrir de la nourriture variée à des endroits de la planète où les conditions climatiques et environnementales sont complexes. Il n'y a pas de doute de l'intérêt possible de ce type d'innovation pour les populations touchées par les grandes famines par exemple. Néanmoins, deux problèmes émergent. Le premier est la question des risques, qui n'est pas tranchée. Quels sont les risques à moyen et long terme de l'utilisation et de la consommation de produits génétiquement modifiés ? Mais, surtout, l'utilisation des OGM n'est pas mise en œuvre là où elle est censée être la plus pertinente. En effet, les OGM sont très largement utilisés sur des terres qui ne présentent aucune difficulté d'exploitation et l'enjeu est alors uniquement d'améliorer le rendement de ces mêmes terres. En conséquence, d'une potentielle innovation-responsable (dépendant des résultats sur l'impact de leur usage et consommation), il apparaît quoi qu'il en soit un détournement de l'utilisation à des fins d'accroissement de profit.

Que ce soit dans le cas de l'amiante, où l'on découvre sa nocivité à l'usage, dans le cas des OGM, où il est ouvertement admis un détournement de son utilisation, ou encore dans le cas de la protection de brevets, ce qui apparaît c'est l'importance d'une gouvernance permettant l'application de l'innovation-responsable. L'enjeu de cette gouvernance serait, d'une part, cette capacité à maintenir une tension entre l'innovation sur le marché et l'évolution des connaissances scientifiques qui s'accroît de jour en jour et qui doit être portée à la connaissance des utilisateurs en termes de conséquences. D'autre part, c'est faire en sorte que l'innovation soit bien à destination des citoyens et non d'une partie d'entre eux.

Ce point de la gouvernance notamment montre que l'innovation-responsable est bien et avant tout une question politique. Une question qui s'adresse à la cité, par les citoyens, avec les citoyens et pour eux.

Cette gouvernance doit se bâtir sur cinq principes :

1. le bien commun : l'innovation fait-elle prendre un risque à la communauté ?

2. le public, les utilisateurs doivent participer à la prise de décision : les utilisateurs ont-ils les moyens de comprendre et de décider ?

3. les recherches et résultats doivent être publiés : l'évolution des connaissances est-elle partagée par tous ?

4. les impacts doivent être évalués de manière indépendante : qui détient le savoir ? Autrement dit, veiller à une gouvernance sans intérêt financier vis-à-vis des parties prenantes ;

5. la mise en place de structures de gouvernance doit précéder la diffusion des applications : chaque innovation « à risque » est-elle correctement lancée en termes de suivi, de gouvernance ?

Ces cinq principes permettent de se garantir une innovation-responsable, sans pour autant freiner l'innovation. Les questions permettent d'anticiper de possibles risques dès lors que l'innovation est lancée. L'enjeu est bien de réussir à combiner, à la fois, le facteur temps nécessaire pour la compétitivité et le facteur diffusion. Seul un suivi permanent qui interroge systématiquement ces questions pourra minimiser les impacts négatifs d'innovation à risque.

DES COMITÉS RESPONSABLES

L'innovateur est parfois exclu d'organes finals de décision concernant les innovations qu'il a pu élaborer. Il peut être dépossédé de ses propositions. C'est là que l'entreprise responsable prend son sens. S'il existe en entreprise une pléiade de comités de décision (comité de direction, des ventes, de développement, d'innovations, etc.), il y a à s'interroger aux endroits où pourraient naître des comités responsables dont l'essence serait de mesurer, d'identifier, d'observer les comportements de son entreprise à l'endroit de l'impact de l'innovation. Si la mise en œuvre est simple, les enjeux sont particulièrement complexes. Car il s'agit, d'une part, d'évaluer les risques avant un lancement, mais, surtout, d'agir dès lors que les risques se présentent en fonction des hypothèses émises. Prenons l'exemple des ondes nocives pour le cerveau dégagées par le téléphone portable. Il y a toujours eu un doute sur les possibles impacts négatifs des ondes émanant des téléphones mobiles. Fallait-il pour autant ne pas les lancer ? À l'évidence non, le risque n'était pas avéré, des études étaient en cours, le besoin était évident. Néanmoins, en parallèle des lancements, les professionnels de la téléphonie auraient pu imaginer des hypothèses en attendant les résultats des tests sur le cerveau :

- hypothèse 1 : retirer tous les portables du marché ;
- hypothèse 2 : imaginer un téléphone absolument sans risque (ce qui a toujours été possible en intégrant un kit main libre), directement branché sur le téléphone ;
- hypothèse 3 : communiquer de façon massive et claire auprès des clients sur les risques encourus.

Il va sans dire que l'objection consistant à dire que l'intensité de la concurrence ne permet pas de telles hypothèses ne tient pas. Lorsqu'il s'agit d'ententes tarifaires, les opérateurs savent parfois trouver des points d'accord.

Les comités d'innovation-responsable auraient ainsi ce rôle dans les entreprises. D'une part, élaborer les hypothèses ; d'autre part, être capable, le cas échéant, de les activer avec les contraintes économiques inhérentes.

Ces comités auraient d'ailleurs tout intérêt à exister de façon inter-entreprises. Ainsi, certaines recherches fondamentales pourraient être partagées et décidées communément. Dans le cas du téléphone mobile, si les constructeurs conduisaient ensemble un tel comité responsable en décidant d'inclure de série un kit main libre, il n'y aurait pas la crainte d'être dépassé par son concurrent.

L'IMPLICATION DES CITOYENS

L'innovation n'est pas uniquement responsable parce que les scientifiques et les innovateurs ont un comportement responsable, c'est aussi lorsque la participation d'un public large est impliquée. Quand une gouvernance est mise en place face aux incertitudes dans un contexte de transparence, traçabilité, communication, itération entre l'innovation et les possibles découvertes à venir, il est fondamental que l'utilisateur final en tout cas, celui qui sera directement ou indirectement impacté, soit un acteur majeur du débat.

La responsabilité est autant individuelle que collective dans la société comme dans l'entreprise. Les comités d'innovation-responsable sont les lieux qui doivent être les plus prisés, les plus privilégiés dans l'entreprise. Car ils sont à la fois le lieu de création, de valeur pour l'entreprise et l'endroit de la préservation des intérêts des individus.

Au Royaume-Uni, par exemple, les *Research Councils* ont développé une initiative pour impliquer le public dans les recherches en cherchant à créer un environnement au sein duquel les chercheurs eux-mêmes exposent au public leurs recherches et tiennent compte des avis. Ainsi, le *Public Engagement in Science* fait en sorte que le public soit directement impliqué dans la gouvernance à propos des choix des innovations « à risques ».

En France, l'Office parlementaire d'évaluation des choix scientifiques et technologiques (OPECST) a pour mission d'informer le Parlement des conséquences des choix de caractère scientifique et technologique afin d'éclairer ses décisions. Cet office se donne aussi pour mission d'informer les citoyens et notamment les plus jeunes, comme cela a été fait avec le programme « L'innovation face aux peurs et aux risques[1] ».

Autre exemple : les Grenelle de l'environnement I et II ont été un processus mis en œuvre avec les différents acteurs de la société civile sur les questions environnementales. Bien avant, en 1997, un organe a été créé en vue de favoriser une démocratie davantage participative : la CNDP, Commission nationale du débat public. Un des grands débats gérés par cette commission est celui qui eut lieu, entre le 15 octobre 2009 et le 24 février 2010, sur les nanotechnologies. L'enjeu était d'impliquer l'ensemble des parties prenantes dans les problématiques : développement, régulation, évaluation des dangers, etc. Il faut déplorer un relatif échec de cette expérience, où seuls des militants engagés venaient véritablement prendre part à ces débats, mais où le citoyen était finalement peu représenté.

L'exemple du nanocode

L'innovation-responsable est souvent questionnée lorsque l'on aborde les nanotechnologies et les nanosciences. Ceux-ci sont l'étude, la fabrication et la manipulation de structures, de dispositifs et de systèmes matériels à l'échelle de moins d'une quarantaine de nanomètres et sont au croisement de plusieurs disciplines scientifiques : l'électronique, la mécanique, la chimie, l'optique, la biologie, etc.

---

1. http ://www.senat.fr/opecst/

Les applications sont d'une variété considérable, dans les produits cosmétiques par exemple, où les nanotechnologies sont utilisées sous forme de nanoparticules. Des actifs sont encapsulés dans ces nanoparticules afin de leur donner de nouvelles propriétés pour une meilleure efficacité. C'est le cas des nanoparticules d'oxyde de titane pour éviter le blanchiment de la peau lors de l'utilisation de crème solaire. L'idée est d'encapsuler également les vitamines E pour leur permettre de passer la barrière cutanée. Néanmoins, faire passer la barrière cutanée à des actifs est-il bien neutre pour la santé quand très peu d'études ont été effectuées sur le sujet ? D'ailleurs, des chercheurs américains ont mis en évidence les possibles dangers des nanoparticules présentes notamment dans des crèmes solaires pour les voies respiratoires, où leurs effets seraient comparables à ceux de l'amiante. On peut aussi mentionner l'ensemble des risques que peuvent prendre les différents chercheurs ou techniciens qui travaillent sur ces domaines sans avoir la certitude que telle ou telle protection est appropriée.

C'est pourquoi des gouvernances, des codes, des législations se doivent d'être pensés pour leurs applications. C'est dans ce cadre que la *Royal Society*, l'académie des sciences britanniques, a lancé un *Nanocode*[1].

En novembre 2006, la *Royal Society*, la société *Insight Investment* et l'Association des industries des nanotechnologies ont exploré les impacts économiques et sociaux des incertitudes techniques, sociales et économiques liées aux nanotechnologies. Ensemble, ils ont donc organisé un atelier de travail chargé de stimuler les entreprises pour qu'elles s'intéressent aux questions touchant le développement des nanotechnologies. Cet atelier a rassemblé 17 entreprises européennes, partageant un intérêt commercial pour le secteur des nanotechnologies, allant des industries alimentaires ou pharmaceutiques à la distribution de produits de santé ou de produits de mode. Un des résultats principaux de l'atelier fut l'accord unanime sur la nécessité d'un code de conduite volontaire pour les entreprises impliquées dans les nanotechnologies. Le consensus était qu'un tel code devrait être fondé sur des principes plutôt que sur des standards ; il serait développé en collaboration avec les représentants d'un groupe d'entreprises, notamment BASF, Unilever et Smith & Nephew et des organisations non

---

1. http://royalsociety.org/Responsible-NanoCode-for-business-to-be-developed/
http://www.responsiblenanocode.org/

gouvernementales, des groupes de consommateurs, des syndicats, des groupes représentant le gouvernement.

La proposition de code, intitulée *Responsible NanoCode*, a eu pour objet d'établir un consensus international sur les bonnes pratiques et d'indiquer aux organisations et aux entreprises ce qu'elles peuvent faire pour démontrer qu'elles gèrent de façon responsable les nanotechnologies, durant la période d'évaluation d'éventuelles réglementations complémentaires. L'enjeu est que ce code volontaire contribuera à assurer que les nanotechnologies atteindront leur potentiel et apporteront des bénéfices en matière de santé, d'environnement, de société et d'économie, alors même que les entreprises sont confrontées à des incertitudes techniques, sociales, réglementaires et commerciales concernant ces technologies relativement nouvelles. Les sept principes proposés par le code soulignent que chaque organisation devrait :

1. s'assurer que son conseil d'administration ou son organe dirigeant est responsable de la conduite et de la gestion de son implication dans les nanotechnologies ;

2. engager un dialogue avec les acteurs (du domaine des nanotechnologies) et se montrer réceptive à leurs vues en ce qui concerne le développement ou l'utilisation de produits utilisant les nanotechnologies ;

3. identifier et minimiser les sources de risque pour les employés manipulant des produits utilisant les nanotechnologies, à tous les stades du processus de production ou lors de l'utilisation industrielle, afin d'assurer des standards élevés de sûreté et de santé au travail ;

4. mener une évaluation poussée des risques et minimiser tous les risques publics potentiels de santé, de sécurité et d'environnement liés à ses produits utilisant des nanotechnologies ;

5. prendre en compte et réagir à toute implication et à tous les impacts sociaux ou éthiques du développement ou de la commercialisation de produits utilisant les nanotechnologies ;

6. adopter des pratiques responsables pour la commercialisation et le marketing de produits utilisant les nanotechnologies ;

7. engager un dialogue avec ses fournisseurs et/ou ses partenaires commerciaux pour encourager et stimuler leur adoption du code et assurer ainsi leur capacité à remplir les engagements qu'ils ont eux-mêmes pris dans le cadre du code.

■ CODE D'INNOVATION-RESPONSABLE
OU PRINCIPE DE BIENVEILLANCE ?

Faut-il lancer une innovation dès lors que l'on ne connaît pas exactement l'ensemble des impacts qu'elle peut générer ? Devons-nous élaborer une forme de principe de précaution spécifique à l'environnement économique ? Cela dans un contexte où la pression compétitive fait que seule l'innovation peut générer un avantage compétitif.

Rappelons ce qu'est le principe de précaution, dont l'existence est intimement liée à l'essor de la science. Ce principe est relativement récent puisqu'il est reconnu lors de la Conférence de Rio de Janeiro en 1992. Alors que, jusqu'à la fin du xxe siècle, la science fait autorité de savoir, d'incontestabilité, elle devient désormais incertaine, sujette à débats, controverses. En conséquence, les autorités politiques, sanitaires, gouvernementales sont confrontées à des questions et à des risques dont on ne sait avec certitude s'ils seront avérés. Ce principe de précaution concerne avant tout les risques environnementaux et sanitaires. Si ces risques ne sont pas clairement prouvés, ils doivent être argumentés de la façon la plus scientifique possible. Si, dans ce dernier cas, des limites persistent, alors les autorités politiques prennent la responsabilité des risques selon des objectifs énoncés.

Ce principe a été introduit dans la Constitution française en 2004 dans la charte de l'environnement. Ainsi, l'article 5 stipule : « Lorsque la réalisation d'un dommage, bien qu'incertain en l'état des connaissances scientifiques, pourrait affecter de manière grave et irréversible l'environnement, les autorités publiques veillent à l'application du principe de précaution et, dans leur domaine d'attribution, à la mise en œuvre de procédure d'évaluation des risques et à l'adoption de mesures provisoires et proportionnées afin de parer à la réalisation du dommage. » On notera que le principe de précaution s'applique à un risque potentiel dont la probabilité et les conséquences sont non évaluées. Cela le différencie du principe de prévention qui s'applique à un risque avéré, dont ici la probabilité et les conséquences sont évaluées.

Il faut bien comprendre que le principe de précaution n'est pas à entendre comme un frein à l'innovation. Ce n'est pas renoncer aux investigations scientifiques. C'est au contraire multiplier les études scientifiques, évaluer les niveaux de risques, d'incertitudes pour accroître la connaissance dans un domaine et mieux cerner et comprendre les dangers possibles. Aucun développement scientifique ne peut être restreint sous prétexte du principe de précaution, car, au contraire, seule la recherche scientifique peut permettre une avancée pour l'évaluation des risques. Ainsi, appliquer le principe de précaution aux nanotechnologies, par exemple, c'est approfondir les recherches, multiplier les tests et études pour aboutir à un savoir commun, partagé et le plus sûr possible.

Le principe de précaution peut également être énoncé pour interdire une technologie si elle semble nuisible à la société. Il n'y a pas *Le* principe de précaution, mais *un* principe de précaution qui est utilisé de façon différente au regard des différents stades de l'innovation. Son enjeu est donc de prendre des mesures de protection malgré la nature incertaine des risques ou de retarder l'exécution de certains projets tant que les risques n'ont pas été clairement identifiés.

Le principe de précaution a ceci de commun avec l'innovation-responsable qu'il y a de l'incertitude ; le dommage n'a pas été causé et il n'est même pas sûr que cela arrive. Ce qui d'ailleurs les différencie de l'action curative, qui répare. Mais ce qui différencie le principe de précaution de l'innovation-responsable, c'est que dans le premier cas l'action est retenue. Autrement dit, si le principe de précaution est avancé, l'innovation n'est pas lancée avec tout ce que cela comporte comme risques, cette fois, non pas environnementaux ou sanitaires, mais concurrentiels.

Que faire alors d'une innovation qui apporte un avantage concurrentiel, mais qui n'est pas totalement sous contrôle en termes de responsabilité ? Il s'agirait donc de chercher à élaborer préférablement un principe de bienveillance où l'enjeu serait clairement de « faire attention », de « prendre soin » de ceux qui sont nos semblables. Ce principe ne limiterait pas l'innovation, mais l'encadrerait suffisamment aussi à son lancement dès lors qu'elle est susceptible de nuire. Car, à l'évidence, les scientifiques n'ont pas réponse à tout, les innovateurs d'entreprise non plus. Les investigations n'arrivent pas toujours à identifier les conséquences possibles et il faut en quelque sorte ne pas faire ou « faire avec ». Cela d'autant plus que les évaluations scientifiques mais aussi marketing sont en majorité réalisées en laboratoire ou en test marché, ce qui ne correspond pas à la réalité des comportements des consommateurs.

Il ne peut être qu'envisagé un lancement avec un niveau de risque acceptable compte tenu des connaissances au moment de la mise sur le marché. D'autre part, cela impose la nécessité d'émission d'hypothèses :

- l'évaluation du risque. Quelles sont les propensions au dépassement des objectifs et les risques d'échecs ?
- la gestion du risque. Dès lors qu'une des hypothèses semble se révéler, comment agissons-nous ? Quels sont les cadres, les procédures qui doivent être mis en place pour permettre ces gestions ?
- la communication. Comment en interne, mais potentiellement à l'extérieur, nous communiquons sur les risques pris en connaissance de cause et tout à fait sous contrôle par l'application des procédures préventives ?

Dans la sphère économique, ce principe de bienveillance – ou « code d'innovation-responsable » pour conserver l'esprit volontaire d'innover – semble ainsi plus approprié que le principe de précaution. Nul dirigeant d'entreprise n'arrêtera une innovation, si les risques sont peu élevés, sa propre pression économique ne le fera pas reculer. Il faut encadrer les pratiques, non les dissuader, il faut prévenir, expliquer et non sanctionner. La sanction ou l'interdiction ont pour conséquence le détournement dans un autre espace, dans un autre temps. Au sein de l'innovation, le cadre d'un principe de bienveillance n'est pas si l'on fait ou non, mais comment on fait ?

Cela permet également de se comprendre d'un point de vue international[1]. Le principe de précaution de l'innovation n'est pas le même partout et son application est particulièrement hétérogène. Le principe de bienveillance, ce « code d'innovation-responsable », est quant à lui, par définition, international puisqu'il s'agit encore une fois de « faire », mais de faire sous certaines conditions. Le code d'innovation-responsable serait en cela un formidable outil d'innovation alors que le principe de précaution peut plutôt être vu comme un frein.

---

1. Nicolas de Sadeleer, « Le principe de précaution dans le monde », *Fondapol*, mars 2011.

Les acteurs concernés par le code d'innovation-responsable

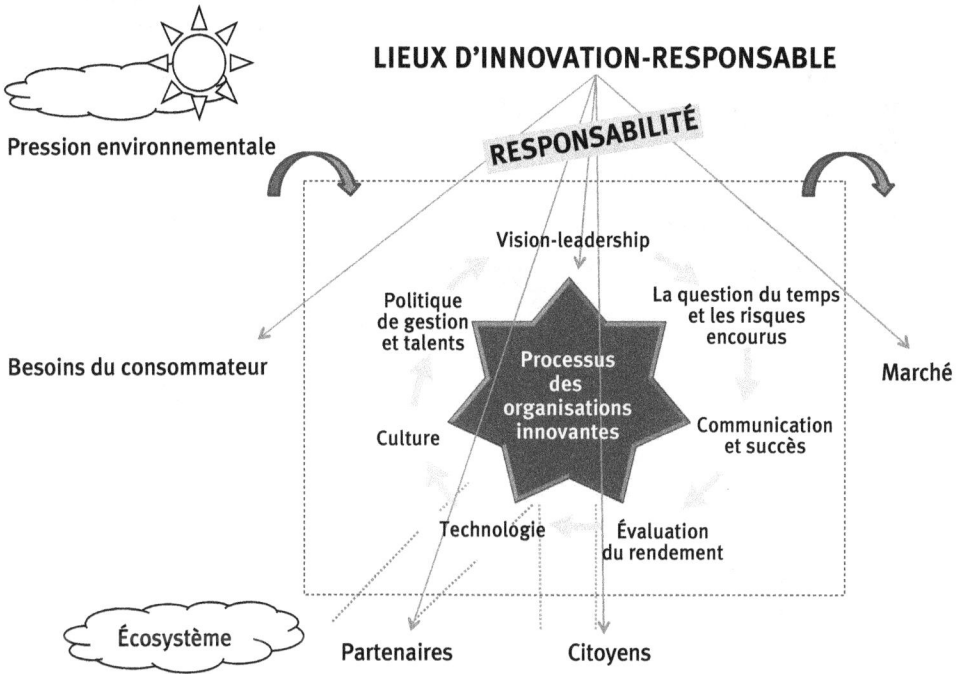

LIEUX D'INNOVATION-RESPONSABLE

RESPONSABILITÉ

Pression environnementale

Vision-leadership

Politique de gestion et talents

La question du temps et les risques encourus

Besoins du consommateur

Processus des organisations innovantes

Marché

Culture

Communication et succès

Technologie

Évaluation du rendement

Écosystème

Partenaires

Citoyens

Les processus d'innovation sont complexes, ils se doivent d'articuler bon nombre d'acteurs, de partenaires. Ils sont obligés d'associer différentes disciplines tout en préservant la vision stratégique qui les anime, commanditée par le dirigeant. Les complexités sont tout autant internes qu'externes et, dans le premier cas, on note la chaîne de valeurs de l'innovation qui part de l'objectif stratégique jusqu'au management des ressources humaines. Une grande partie de ces dimensions sont alimentées par un écosystème extérieur qui vient notamment des partenaires (fournisseurs, universités, pôles d'expertises et de compétitivité, etc.) et des consommateurs (qui ont leur mot à dire sur les enjeux en cours). Le principe de ce schéma est de comprendre l'ensemble des porosités entre les structures d'innovation et les citoyens. En quoi chacun est impacté par l'innovation. C'est pourquoi nous allons parler de « lieux d'innovation-responsable ». Ces lieux (partenaires, marchés, besoins clients, structures d'innovations) sont ceux qui portent la responsabilité de l'innovation, et c'est auprès d'eux qu'un code d'innovation-responsable doit prendre sens et existence. C'est dans ces lieux que doivent être posées les questions que nous avons déjà abordées : faut-il toujours répondre aux besoins des consommateurs ? Sait-on mesurer les impacts sur les clients ? Sait-on enfin mesurer les impacts indirects sur les citoyens ? Il y a des enjeux, des porosités, des stratégies qui se mettent en place et auxquelles les organisations sont soumises et d'autant plus face à une pression environnementale de plus en plus forte. C'est pourquoi un code d'innovation-responsable se doit d'être partagé entre tous, entre citoyens et entreprises, entre partenaires et consommateurs, dans un souci du bien de chacun.

Conclusion

« Les techniques de soi constituent une esthétique de l'existence dans la mesure où elles permettent aux individus d'effectuer, seuls ou avec l'aide d'autres, un certain nombre d'opérations sur leur corps et leur âme, leurs pensées, leurs conduites, leurs modes d'être ; et de se transformer afin d'atteindre un certain état de bonheur, de pureté, de sagesse, de perfection ou d'immortalité »

Michel Foucault
Techniques de soi

L'innovation-responsable est ce que l'on peut appeler un *wicked problem*, expression que l'on pourrait essayer de traduire par « problème tortueux[1] ». Cela est tortueux car il y est difficile voire impossible d'apporter une réponse claire, complète, non contradictoire. De plus, les *wicked problems* se caractérisent par des changements constants. L'innovation-responsable est pleinement dans ce type de problème où l'innovation permet le clonage thérapeutique mais risque le clonage humain, où le nucléaire apporte autant l'énergie qu'une possible destruction massive, où les OGM peuvent donner accès à une alimentation de masse autant qu'une surexploitation, etc. Que faire face à l'innovation qui apporte tant d'éléments positifs mais dont les effets négatifs peuvent être équivalents voire supérieurs ? Les lois, les législations, les traités éthiques, les chartes, etc., sont certainement les éléments permettant un meilleur contrôle. Toutefois dans un monde globalisé et de plus en plus globalisant, le suivi de l'application des règles est complexe, d'autant plus que la compréhension culturelle n'est pas nécessairement identique.

Comment donc dénouer ce type de problème ? Au moins deux évidences apparaissent.

---

1. C. West Churchman, introduced the concept of wicked problems in a "Guest Editorial" of *Management Science*, vol. 14, n° 4, December 1967.

La première évidence est qu'il n'est pas possible de le dénouer seul. L'innovation engendre des choix et des modes de vie, et ces choix ne peuvent être confisqués par les innovateurs ou les scientifiques, c'est un choix partagé par tous, par l'ensemble des citoyens. Si le rôle des innovateurs est bien de faire avancer le progrès pour le bien-être des individus, ces derniers doivent plus que jamais être impliqués dans les recherches, les applications et les enjeux générés. Au prix d'un temps plus long dans les développements peut-être[1], au prix de freins certainement, au prix d'abandon vraisemblablement. Mais aussi au bénéfice d'un accord commun sur l'évolution que doit prendre la science qui désormais aborde à proprement parler les valeurs humaines. Que ce soit sur la transgression de ses valeurs, la distorsion de leur cadre à propos de la génétique comme de l'environnement, les innovateurs aujourd'hui ne peuvent constituer un cénacle coupé du monde confisquant les questions du devenir humain.

L'enjeu n'est pas moins important pour les innovateurs qui dessinent aujourd'hui notre quotidien. Les produits et services qui nous entourent provoquent tout autant des modifications sur le mode de vie. Que ce soit un réseau social ou un téléphone portable, parmi les nombreux exemples que nous avons ici abordés, il s'avère que les impacts sanitaires, sécuritaires, environnementaux sont conséquents. Dans une entreprise, l'innovateur n'est pas un salarié comme un autre, il porte la responsabilité du monde de demain, aussi infime semble être son innovation. Cette responsabilité doit être reconnue pour celui qui prend la fonction, comme pour celui qui nomme un responsable innovation. La toge de l'innovateur engendre peu de droits, mais de nombreux devoirs et le premier est celui de la bienveillance envers autrui. Cela est donc la seconde évidence.

Certes, la communauté, la collectivité sont nécessaires pour contrôler, vérifier, accepter l'innovation. Il n'empêche que nous croyons que c'est d'abord à l'individu-innovateur d'opérer sa première transformation. Toutes les innovations ne solliciteront pas l'avis des individus, tous les citoyens ne peuvent comprendre complètement les tenants et aboutissants. Il y a donc un devoir moral envers la société et ses valeurs humaines et un engagement éthique auprès des citoyens que l'innovateur doit accepter. C'est en cela, nous l'avons dit, que l'enjeu

---

1. Voir sur le sujet l'appel lancé pour une « slowscience » : http ://slowscience.fr/

de l'innovation-responsable est avant tout un enjeu politique. C'est bien la cité qui est concernée avec un citoyen qui est autant acteur que bénéficiaire.

Il est donc fondamental que l'individu innovateur puisse être dans une dimension psychologique de bienveillance pour qu'il puisse lui-même savoir opérer les changements, les transformations qui sont au bénéfice de tous. Et puisque nous avons commencé cet ouvrage avec la philosophie, concluons avec elle.

Toute la philosophie antique est ce que l'on appelle « exercice spirituel[1] », ce qui signifie toute pratique destinée à transformer, en soi-même ou chez les autres, la manière de vivre, de voir les choses. C'est à la fois un discours, qu'il soit intérieur ou extérieur, et une mise en œuvre pratique. La philosophie antique se dessine alors comme une discipline destinée à aider l'homme à mieux vivre, à mieux être, à jouir de ce qu'il vit plutôt que de vivre de ses passions, finalement jamais assouvies : gloire, argent, succès, possession, réussite, etc.

Par différents exercices que peuvent être la méditation, l'ascèse, l'écriture, la lecture, le dialogue, etc., l'homme cesse d'agir sans pensée, sans réflexion préalable. À l'évidence, il agit, mais dans une optique conditionnée systématiquement par le prisme du mieux être, du mieux vivre. Si la pratique des exercices spirituels est une discipline quotidienne chez les penseurs anciens que sont par exemple Épicure, Diogène, Épictète, Sénèque, Marc Aurèle, ils ne sont pas moins pratiqués dans la philosophie contemporaine : Emerson, Thoreau, Dewey, Foucault, etc. Cela signifie que les exercices spirituels antiques sont parfaitement d'actualité et vraisemblablement une voie de pratique, d'expérimentation pour les innovateurs en lutte avec des questions existentielles sur le « bon » ou le « mauvais » choix de mettre en place une innovation dans la société.

La philosophie comme voie vers la sagesse n'est pas coupée du monde du commun. Elle a un rôle au contraire fondamental pour aider à comprendre le monde mais aussi pour aider à le façonner. Si c'est la fonction du philosophe, la fonction de l'innovateur s'en rapproche avec son

---

1. Pierre Hadot, *La Philosophie comme manière de vivre*, Albin Michel, 2001, p. 149. Pour plus d'éléments sur ce sujet voir : Xavier Pavie, *L'Apprentissage de soi*, Eyrolles, 2009 et *La Méditation philosophique*, Eyrolles 2010.

rôle dans le quotidien. Que ces quelques lignes dernières ne soient donc pas conclusives, mais au contraire comprises comme celles montrant un engagement, une voie permettant de fixer les bases philosophiques de l'innovation-responsable.

Remerciements

Ce concept d'innovation-responsable n'a pu être bâti qu'au travers des recherches qui ont pu être menées à l'ESSEC *Business school* notamment au sein d'un séminaire dédié conduit par l'ISIS (Institut Stratégie Innovation Service). Que les étudiants et intervenants en soient ici remerciés. C'est aussi le fruit de rencontres académiques et professionnels, des incitations, des échanges, des aides et conseils. En cela je tiens à remercier Bernadette Bensaude-Vincent, Raymond Bovero, Julie Egal, Laurent Ledoux, Hélène Macaire, Hervé Mathe, Pierre Montaron, Marwyn O'Keeffe, Bernard Saincy, Mo Zhang et certainement bien d'autres.

Index

Bibliographie

Acquier Aurélien, Gond Jean-Pascal et Jacques Igalens, « La religion dans les affaires : la RSE », *Fondapol,* mai 2011.

Alter Norbert, « Entreprise : les innovateurs au quotidien », *Futuribles,* janvier 2002.

Alter Norbert, *L'Innovation ordinaire,* PUF, 2003.

Attali Jacques (sous la présidence de), Rapport de la Commission pour la libération de la croissance française, XO Éditions, La Documentation Française, 2008.

Baber Walter F., *Organizing The Future : Matrix Models for the Postindustrial Policy,* Alabama, The University of Alabama Press, 1983.

Balaudé Jean-François, *Le Savoir-vivre philosophique,* Grasset, 2010.

Bergson Henri, *L'Évolution créatrice,* PUF, 2007.

Bensaude-Vincent Bernadette, *Histoire de la chimie,* La Découverte, 2001.

Black Edwin, *IBM and Holocaust,* Little Brown, 2001.

Bostrom Nick, « A history of transhumanist thought », *Journal of Evolution and Technology,* vol. 14, n°1, avril 2005.

Bostrom Nick et Anders Sanders, « The Wisdom of Nature An Evolutionary Heuristic for Human Enhancement », in J. Savulescu et Nick Bostrom (dir.), *Human Enhancement,* Oxford University Press, 2008.

Caroll Archie, « A three dimensional Conceptual Model of Corporate Performance », *Academy of Management Review,* vol. 4, n°4, 1979, p. 497-505.

Condorcet, *Esquisse d'un tableau historique des progrès de l'esprit humain,* Paris, Masson et Fils, 1822.

Carson Rachel, *Silent Spring,* Mariner Book Edition, 2002.

Churchman C. West , introduced the concept of wicked problems in a «Guest Editorial» of *Management Science,* vol. 14, n° 4, December 1967.

Compeyron, A., « La dynamique de convergence entre valeurs de service public et rapports de production », in Barreau J., Compeyron A., Havard C., Menard J.Y. et Servel L., *Une irrésistible modernisation des entreprises de service public,* Presses universitaires de Rennes, 2000.

Darwin Charles, *The Origin of the Species,* Barnes & noble classics, New York, Fine Creative Media, 2003.

De Sadeleer Nicolas, « Le principe de précaution dans le monde », *Fondapol,* mars 2011.

Descartes, *Discours de la Méthode,* Gallimard, « Bibliothèque de la Pléiade », 1953.

Deschamps Jean-Philippe, *Innovation Leaders,* Jossey-Bass, 2008.

Bob Dylan, « The Times They are A-Changing ». Album *The Times They are A-Changing* Columbia, 1964.

Elkington J., *Cannibals with forks, the triple bottom lines of the 21st century business,* Oxford, Capstone Publishing, 1997.

Engel Laurence, « Réguler les comportements », in T. Ferenczi (dir.), *De quoi sommes-nous responsables ?,* Éditions Le Monde 1997.

Ernult Joel et Arvind Ashta, « Développement durable, responsabilité société de l'entreprise, théorie des parties prenantes : Évolution et perspectives », *Cahiers du CEREN,* 2007.

Ewald François, *Histoire de l'État Providence,* Folio, 1996.

Ewald François, « L'expérience de la responsabilité » in *De quoi sommes-nous responsables ?,* Éditions Le Monde, 1997.

Faye Emmanuel, *Heidegger, l'introduction du nazisme dans la philosophie : autour des séminaires inédits de 1933-1935,* Albin Michel, « Idées », 2005.

Foucault Michel, « Usage des plaisirs et technique de soi », in *Dits et Écrits II,* 1976-1988, Gallimard, « Quarto », 2001.

Foucault Michel, « Le triomphe social du plaisir sexuel : une conversation avec Foucault Michel », in *Dits et Écrits II,* 1976-1988, Gallimard, « Quarto », 2001.

Foucault Michel, *Le Courage de la vérité, Le gouvernement de soi et des autres II,* Cours au Collège de France, 1984, éditions Hautes Études, Gallimard-Seuil, 2009.

Franklin Benjamin, *Mr. Franklin : a selection from his personal letters,* New Haven, Yale University Press, 1956.

Freeman R.E., *Strategic management : A stakeholder Approach,* Piman-Ballinger, 1984.

Friedmann Georges, *La Puissance et la Sagesse,* Gallimard, « Tel »,1970.

Génard Jean-Louis, « Le temps de la responsabilité », in Gérard Philippe, Ost François et Van de Kerchove Michel (dir.), *L'Accélération du temps juridique,* Bruxelles, Publications des Facultés universitaires, Saint-Louis, 2000.

Gorgoni Guigo, « La responsabilité comme projet », in Christophe Eberhard, *Traduire nos responsabilités planétaires. Recomposer nos paysages juridiques,* Bruxuelles, Bruylant, 2006.

Gilligan Carol, *Une voie différente. Pour une éthique du care,* Flammarion, 2008.

Guichard Renelle et Laurence Servel, « Qui sont les innovateurs ? Une lecture socio-économique des acteurs de l'innovation », *Sociétal,* 2006, n°52.

Hadot Pierre, *La Philosophie comme manière de vivre,* Albin Michel, 2001.

Jonas Hans, *Le Principe responsabilité : une éthique pour la civilisation technologique,* Flammarion, 2008.

Igalens Jacques et Laïla Benraiss, « Aux fondements de l'audit social : Howard R. Bowen et les églises protestantes », Actes de la 23e Université d'été de l'Audit social, 1er et 2 septembre 2005, IAE de Lille.

Kelley Thomas, *The Ten Faces of Innovation : IDEO's Strategies for Defeating the Devil's Advocate and Driving Creativity Throughout Your Organization,* Broadway Business, 2005.

Kurzweil Raymond, *The Age of Spiritual Machines,* Viking Adult, 1999.

Kurzweil Raymond, *Humanité 2.0 : la bible du changement,* M21 Editions, 2007

Laugier Sandra et Paperman Patricia, « La voix différente et les éthiques du care » in Carol Gilligan, *Une voix différente, pour une éthique du care* (1982), trad. Annick Kwiatek, revue par Vanessa Nurock, Champ-Flammarion, 2008.

Lenglet Roger, *L'Affaire de l'amiante,* La Découverte, 1996.

Lopez-Perez V., C. Perez-Lopez, L. Rodriguez-Ariza, « The opinion of European Companies on Corporate Social Responsibiliy and its relation to innovation », *Issues in Social and Environmental Accounting,* vol. 1, n°2, décembre 2007.

MacGregor Steven P., Joan Fontrodona, *Exploring the Fit Between CSR and Innovation Working Paper,* IESE CBS, July 2008.

Martin Roger L., « The Virtue Matrix, calculating the return on corporate responsibility », *Harvard Business Review,* Marsh 2002.

Mazman S. Güzin, Yasemin Koçak Usluel et Vildan Çevik « Social Influence in the Adoption Process and Usage of Innovation : Gender Differences », World Academy of Science, *Engineering and Technology,* n° 49, 2009.

Moore George Edward, *Principia Ethica,* Cambridge University Press, 2008.

Moore Geoffrey A., *Crossing the Chasm, Marketing and Selling High-Tech Products to Mainstream Customer,* HarperCollins Publishers, New York, 1991, édition revue en 1999.

Morin François, *La Vie publique de Joseph Chaumié,* Éditions du Grangé, 2011.

Nietzsche Friedrich, *Fragments posthumes sur l'éternel retour,* Allia, 2003.

Ost François, *La Nature hors la loi,* La Découverte, 1995.

Pavie Xavier (dir.), « Innovation responsable : oxymore ou réalité », *Cahier Innovation et société,* juin 2011.

Pavie Xavier, *L'Apprentissage de soi,* Eyrolles, 2009.

Pavie Xavier, *La Méditation philosophique,* Eyrolles, 2010.

Pavie Xavier (dir.), *Management stratégique des services et innovation,* L'Harmattan, 2010.

Perroux François (1935), *La Pensée économique de Joseph Schumpeter,* Presse de Savoie, 1965.

Platon, *République,* trad. Léon Robin, in Platon, *Œuvres complètes I,* Gallimard, « Bibliothèque de la Pléiade », 1950.

Rabelais François, « Pantagruel » in *Œuvres,* Paris, J. Bry Aîné, 1854.

Rangaswami, « Sustainability the Key Driver of Innovation », *Harvard Business Review,* 2009.

Rahbek Pedersen Esben, « Modelling CSR : How managers understand the responsibilities on business toward society », *Journal of Business Ethics,* 2010, 91, p. 155-166. Table II : Key groups of societal responsibilities.

Raymond Jonathan, « La Ford Pinto : le contre-exemple américain », *Le Polyscope Le journal de l'École polytechnique de Montréal,* vol. 36, mars 2003.

Robert E.B., *Entrepreneurship in High Technology: Lessons from MIT Beyond,* New York, OUP, 1991.

Rousseau, *Discours sur les sciences et les arts,* Garnier-Flammarion, 1992.

Rousseau, *Discours sur l'origine et les fondements de l'inégalité parmi les hommes,* Flammarion, 1989.

Sahlman W.A., « How to write a great business plan », *Harvard Business Review,* n° 75, vol. 4, 1997.

Shaw et Barry, *Moral Issues in Business,* 6e édition, Belmontk, Wadsworth Publishing Company, 1995.

Schumpeter Joseph, *L'Histoire de l'analyse économique,* Gallimard, 2004.

Schumpeter Joseph, *Théorie de l'évolution économique,* trad. Jean-Jacques Askett, Dalloz, 1999.

Schwartz Mark S., « Universal Moral Values for Corporate Codes of Ethics », *Journal of Business Ethics,* 2005.

Sophocle, *Antigone,* trad. P. Mazon, Les Belles Lettres, 1955.

Weber Max, *L'Éthique protestante et l'esprit du capitalisme,* Plon, 1967.

William Bernard, *L'Éthique et les Limites de la philosophie,* trad. A.-M. Lescourret, Gallimard, 1990.

www.ingramcontent.com/pod-product-compliance
Lightning Source LLC
Chambersburg PA
CBHW061318220326
41599CB00026B/4936